华夏文库·儒学书系

家国情怀

儒家与族谱

岳晗 著

大地传媒　中州古籍出版社

《华夏文库》发凡

毫无疑问，每一个时代都有属于自己时代的精神追求、文化叩问与出版理想。我们不禁要问，在 21 世纪初叶，在全球文明交融的今天，在信息文明的发轫初期，作为一个中国出版人，我们正在或者将要追求什么？我们能够成就或奉献什么？我们以何种方式参与全球化时代的文化传播进程？在一连串的追问下，于是，有了这套《华夏文库》的出版。

自信才能交融。世界各大文明在坚守自身文化个性的同时，不约而同地加快了探视其他文化精神内涵的步伐，世界不同文明正在朝着了解、交流、碰撞、借鉴与融合的方向前进。在此背景下，建立自身的文化自信，正是与世界各文明民族进行文化交流的基本要求。五千年中华文明与文化正在不断地被其他文明所发现、所挖掘、所认知，汉语言正在生长为世界语言，儒文化正在世界各地生根发芽。

借助这样一种正在成长着的文化自信、自觉、开放、亲和之力，用我们这个时代的学术眼光全面系统梳理中华五千年的文明与文化，向其他各大文明与文化圈正面展示自我，让中华优秀文化成为世界文化的重要组成部分，正是我们出版这套文库的目的之一。此其一。

知己才能知彼。身处五千年文化浸润的今天，重新思考我们先人的人生思考、价值思考与哲学思考，找到一个民族、一个国家的价值所在、立命所在、安身所在，这已经是我们这个时代的学人与出版人不得不再思考的问题。作为中华文明的一分子，我们在思考的同时，还必须了解我们的先人创造了如何优秀的精神文明与物质文明以及社会文明。只有熟知自己的文化，热爱自己的文化，悟明自己的文化，我们才能宣说自己、弘扬自己、光大自己。因此，我们策划组织这套《华夏文库》的初衷，还在于让当下的知识青年全面系统瞭望中华文明与文化的全景，并借此能够对更为深广的世界各民族文化提供一个比较认知的基础。此其二。

顺势才能有为。我们正处在农耕文明、工业文明、信息文明的交汇处，信息文明带领我们从读纸时代进入读屏时代，以智能手机屏幕为代表的书籍呈现方式正在与纸质书籍争夺阅读时间与空间。我们正在领悟数字技术，正在以信息文明的视角，去整理、分析和研究农耕文明与工业文明的文化遗产，不仅仅是为了唤醒优秀的传统文化，我们还在生发和原创着当今时代的文化。由此，我们试图架起一座桥梁——由纸质呈现而数字呈现，由数字呈现而纸质呈现，以多媒介的书籍呈现方式，将文字、图像、声音与视频四者结合，共同筑成《华夏文库》以奉献给信息文明时代的新读者。此其三。

总之，这是一套——专家大家名家写小书；以最小的阅读单元，原创撰写中华精神文化、物质文化与社会文明系列主题与专题；以图文、音视频多媒介呈现的方式，全面介绍与传播中华文明与优秀文化，系统普及与推介中华文明与文化知识；主旨是为了让世界与中国共同了解中国的——大型丛书，借此，复兴文化，唤起精神，融入世界。

耿相新
2013 年 6 月 27 日

目 录

引言 ……………………………………………………… 1

一 缘径探幽看演变

1 族谱的概念 ……………………………………… 3
2 族谱的前生 ……………………………………… 7
3 族谱的演变 ……………………………………… 13

二 条分缕析显异同

1 玉牒 ……………………………………………… 19
2 统谱 ……………………………………………… 22
3 宗谱 ……………………………………………… 24
4 支谱和房谱 ……………………………………… 27
5 家谱 ……………………………………………… 28

三 提纲挈领明宗旨

1 谱名 30

2 谱序 33

3 凡例 44

4 谱论 55

四 追根溯源辨昭穆

1 姓氏源流 59

2 世系考 61

3 世系表 64

4 字辈 66

五 族产宗范聚人心

1 宗祠 72

2 坟茔 83

3 族规 87

4 族产 96

5　契约 …………………………………………… 99

六　谱榜生辉显忠孝

　　1　人物传记 ……………………………………… 103

　　2　恩荣录 ………………………………………… 114

　　3　像赞 …………………………………………… 116

　　4　艺文 …………………………………………… 119

　　5　纂修、捐资人名 ……………………………… 122

　　6　领谱字号 ……………………………………… 124

　　7　续后篇 ………………………………………… 126

七　千年族谱盼新生

　　1　族谱现状面面观 ……………………………… 130

　　2　展望族谱新未来 ……………………………… 131

小知识目录

三纲领八条目	6
昭穆	12
开基	17
挥	23
王子乔	31
续谱	38
易	42
箕裘	43
验谱	46
嘉言懿行	46
庠生	49
乡饮酒礼	50
监生	53
霜露	53
刘累	60
节	82
仁政	112

浩然之气	118
三不朽	121
祭谱	125
晒谱	127

引 言

曾几何时,它是家家户户崇奉的宝典;曾几何时,它是官差们按图索骥的杀人名册;曾几何时,它是人们仓皇逃难时舍不得丢弃的传家之宝;曾几何时,它又变成了人人喊打的过街老鼠,成了"封建""落后"的代名词;曾几何时,它又恢复为乡间百姓集资纂修、尊奉跪拜的圣物。它就是族谱。

经历了几千年的风雨,族谱仍然被今天的人们所关注。很多人肯定它的价值,积极参与续修族谱;也有不少人认为它是洪水猛兽,必欲除之而后快。可是,也有很多人不知道族谱为何物,不晓得它所经历的风雨,更看不到它的历史作用和现实价值。这不能不说是一种遗憾。如果你有兴趣了解族谱,就请跟随笔者一览它的演变,一观它的奥秘。

北京孔庙收藏的家谱、宗谱和族谱
它们记录的都是家族史,只是收录范围有所差异

一 缘径探幽看演变

清代学者章学诚在《文史通义》中说:"且有天下之史,有一国之史,有一家之史,有一人之史。传状志述,一人之史也。家乘谱牒,一家之史也。部府县志,一国之史也。综纪一朝,天下之史也。"族谱与正史、方志并称为中国古代历史的三大支柱,也是中华优秀文化遗产的重要组成部分。族谱在历史上发挥了保存资料、教育族群、寻根旅游、民族认同、对外交流等重要作用。

1. 族谱的概念

族谱又称家谱、家传、宗谱、谱牒、世牒、家乘、家志、谱录等。各种名称的性质类似，只是收录范围不同。

何为族

在中国社会，个人既是独立的个体，又是家庭的一分子。家族是由同一姓氏、同一祖先的家庭组成的民间集团，是社会的基本单位。个体与家庭乃至家族之间是休戚相关、荣辱与共的依存关系。这一关系是以割不断的血脉联系为基础的。在儒家看来，个人可以通过道德修养实现家庭和睦、国家兴盛、天下太平等目标。

族谱学家冯尔康认为："家族是由男系血缘关系的各个家庭，在宗法观念的规范下组成的社会群体。"在中国历史上，家族的发展经历了一些不同的时期。

先秦时期，君主既是国家的元首，又是其家族的族长。在自己的统治范围内，君主既是行政元首，又是祭祖的负责人。周天子通过分

汉高祖刘邦
汉高祖刘邦（前256～前195年），江苏沛县人，西汉开国皇帝。他任人唯贤，善于吸纳人才，最终打败项羽，统一中国

封诸侯，来实现对国家的治理。在这一时期，族名和地名往往是合一的。秦朝建立之后，分封制被废除，郡县制成为国家的治理形式。

汉朝建立之后，刘邦大肆分封诸侯王，又封赏功臣。诸侯王和功臣的后代逐渐形成了贵族家族。在争夺天下时，刘秀就曾经借助地方实力派的势力以谋取成功。到了魏晋时期，士族开始在社会中占据统治地位，与之相对应的是寒族。士族在政治上、经济上都有特权，也不和寒族通婚。随着科举制的兴起，士族的地位开始衰落。加之唐朝建立后，官方有意识地打击旧士族，提高新士族的地位，士族的地位进一步衰落。

到了宋元时期，官僚热衷于组建家族，平民也开始建设家族。此外，祭田、义塾等家族财产开始出现。明清时期，退休官员和以秀才、举人等为代表的士人、读书人在家族建设和管理中发挥着越来越大的作用。无论是家族的管理，还是族谱的编纂，他们都是中坚力量。辛亥革命之后，家族仍然在社会上发挥着重要作用。1949年以后，家族的作用和形式都发生了很大变化。我们所讲的族谱就是基于家族来说的。

何为谱

常言道:"家之谱,犹国之史。"所谓谱,就是记载个体乃至族群的人口繁衍、文化传承、经济变迁、政治变化等内容的史书。记载个体生平的谱书是年谱。记载一个家族的人口繁衍、仕宦成绩、文学成就等内容的谱书叫作族谱。记载一个地方情形的谱书是地方志,也叫作邑乘。记载一国情况的谱书,我们通常把它叫作国史。这些谱书都可以统称为谱牒。虽然在收录范围上有所差异,但是它们都具有相同的性质,例如要求真实、简要等。

族与谱

在个体和群体之间,并非互不往来,而是相互影响的。帝制时代,个体与家族之间是休戚与共的关系。在儒家看来,可以通过个体的道德修养,实现家庭和睦、国家兴盛、天下太平等阶段目标。用儒家的话说,就是"诚意、正心、修身、齐家、治国、平天下"。这一思想在儒家经典《大学》中已经有了充分的论述。族谱的编纂和宗子法的实行,既是为了改良社会风俗,安定社会秩序,又使人们知道报本反始、孝顺父母、忠君爱国,更是为了在广阔的中华大地上落实这一修齐治平的治国方略。

就族与谱的关系而言,编纂族谱是为了尊祖、敬宗、收族。在此三重目的背后,我们可以看出浓重的儒学色彩——亲亲、尊尊。它的产生经历了一个过程。

我们所讲的族谱,记录的是家族内部的世系繁衍,起到的是尊祖敬宗、和睦族群等作用。因此，族谱只是谱牒的一种。除了族谱之外，类似的还有年谱、世谱等。

小知识◎三纲领八条目

三纲领八条目是《大学》里面的思想。《大学》里面说："大学之道，在明明德，在亲民，在止于至善。"后人就把明德、亲民和止于至善称为"三纲领"。《大学》里面又讲：要想实现个人的道德完善和天下大治，就要按照格物、致知、诚意、正心、修身、齐家、治国、平天下的顺序来进行。后人又把"格物、致知、诚意、正心、修身、齐家、治国、平天下"称为八条目。后来，三纲领和八条目成了儒家道德修养的指南。

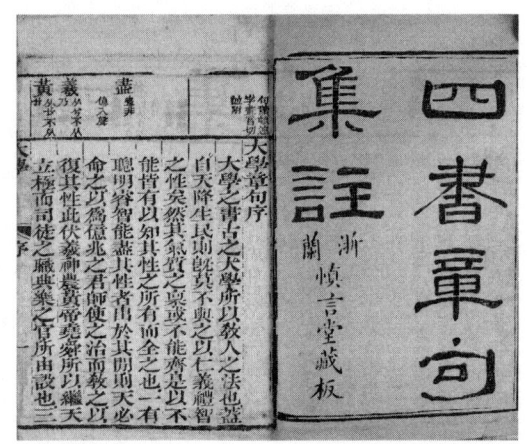

《大学》
《大学》与《中庸》《论语》《孟子》并称"四书"，都是儒家的重要典籍。宋代理学家朱熹曾经对它进行过注解

2. 族谱的前生

宋代之后,族谱才集中出现。在此之前,类似族谱的谱牒已经出现。下面,我们就来简要回顾一下族谱产生之前的各种表现形式。它们虽然不叫族谱,可是发挥的作用和族谱非常相似。

先秦时期

原始社会时期,族谱是结绳记事式的。夏朝,王室已经有了记录国君世系的谱牒。商代,族谱的物质载体变成了龟甲和兽骨。周代,贵族喜欢在鼎等礼器上铭刻自己家族的世系。在铭文中,作为后代子孙,对祖先的善行大加称赞,对其恶行,则隐而不书。这一原则就是《礼记·祭统》里面讲的"称美而不称恶"。后世的族谱修纂继承了这一原则。

1976年,陕西扶风出土了微氏家族的《墙盘》。上面清楚地记录了从周文王到周穆王六代周天子的世系。国家也设立专职官员,负责全国贵族家谱的记载和管理。《周礼》一书中记载礼官小史的职责就是:"掌邦国之志,奠系世,辨昭穆。"意思是记录帝王的世系传承和关系亲疏。太史和内史则掌管诸侯、卿大夫的谱系资料。而各诸侯国也都设立官员,管理本国国王的谱系资料。例如,屈原曾经做过三闾大夫,主要负责掌管楚国昭、景、屈三族的谱系资料,编制三姓的家谱。

再到春秋战国时期,名为《大戴礼记》和《世本》的史书记载了从黄帝到春秋时期帝王、诸侯和卿大夫的姓氏、世系、都城、制作等情况。太史公司马迁在撰写《史记》时,就曾经使用了《世本》一书中的许多材料。

先秦时期,族谱的编纂主要是为了明确财产和职位的继承。因此,族谱编修完全由官方主导。从功能来看,主要集中在认祖归宗、选举官员、婚姻择配等方面。说到底,这是和嫡长子继承制相联系的。当时,兄弟之间有嫡庶之分,嫡长子可以继承父亲的财产和职位,而庶子则要降等使用。

秦汉时期

秦始皇统一六国之后,皇家设立宗正来管理皇族事务,并负责编制皇室家谱。到了两汉时期,族谱记载的范围仍然局限于帝王世系。例如,皇家设立宗正来管理皇族事务和编纂皇亲国戚的谱牒。另外,朝廷还设置专门的官员,负责为异姓王侯编纂谱牒。此时,私人修撰家谱也慢慢出现。例如,司马迁就在《太史公自序》中详细地追溯了自家的世系传承。扬雄等人也撰写了自家的家谱。到了东汉时期,官府通过"察举"的方式来选拔人才,一个人的家庭出身、才能和口碑都变得空前重要。这一时期的家谱大都请别人代修,主要作用是"奠

魏受禅表碑
碑高 3.70 米，宽 1.10 米，厚 0.30 米，详细记录了黄初元年（220 年）冬十月二十九日，汉献帝在受禅台上将帝位禅让于魏王的事实

世系，辨昭穆"，即记录家族世系的传承，分辨长幼尊卑。这一观念也被后人所继承。

这一时期，社会上发生了不少和家谱有关的故事。在《三国演义》中，汉献帝就是通过查证世谱（即后来所谓的族谱）来确定刘备为皇叔的。

魏晋南北朝时期

到了魏晋南北朝时期，当时的社会分为寒族和士族两大阶层。士族是享受政治、经济特权的统治阶层中的精英阶层，而寒族则是士族之外的中小地主。士族和寒族的身份是世代传承的。

在政治上，士族按照门第高低，可以世代担任高官。士族 20 岁就可以做官，而寒族则要等到30岁。在经济上，士族占有大量土地和劳力，拥有规模庞大的庄园；在社会上，士族看不起寒族，不愿意与之平起平坐；在文化上，士族崇尚清谈，大多担任高级文官职务。为了凸显自己的优越身份，当时的王朝非常重视谱牒编纂，将其作为能否享受特权的标准。一时之间，民间也重视此事，很多谱学名家都是在这一时期成名的。由于曹丕推行"九品中正制"，士人的出身非常重要。所以，谱牒的功能加上了选举官员和婚姻择配。

太后侄子受辱

南朝时期宋孝武帝刘骏的母亲路太后出身寒族，由于儿子当了皇帝，她的娘家路家也因此得到了很多好处。路琼之是她的侄子，被皇帝封为黄门郎。他和出身士族的王僧达是邻居，可是两家一直没有往来。路琼之就穿着拜客的正式礼服去王家做客。

当时，王僧达正打算出门打猎，听闻邻居来访，就穿着猎服接见路琼之。他奚落路琼之说："以前我们家有个养马驾车的下人叫路庆之的是你什么人啊？"此人正是路琼之的爷爷。同时，王僧达还让人把路琼之坐过的床给烧掉了。路琼之非常羞愧地离开了。听完侄儿的哭诉之后，路太后也没办法，只得安抚一番。后来，刘骏借着处理谋反案的机会把王僧达下大狱赐死了。

王源嫁女遭弹劾

王源是南朝萧齐时期的士族。他是西晋右仆射王雅的曾孙。他的祖父、父亲都曾经担任高官。到了他这一代，虽然不能担任高官，可毕竟还算是士族。富阳有个名叫满璋之的富户，想给儿子满鸾娶妻。这个时候，王源的老婆已经去世一段时间了。他想要续弦，却没有钱买聘礼。于是,他想把女儿嫁给满鸾,并用得到的5万礼钱来给自己纳妾。当时的婚姻讲究门当户对,联姻的双方必须在政治、经济上处于大致对等的地位。为了避免遭到其他士族的非议,他特地查询了满氏家谱。从家谱上来看,富阳满氏是曹魏时期太尉满宠的后裔,满宠的孙子满奋曾经在西晋时担任过司徒校尉的官职。而且,满璋之和满鸾都有官职。于是,他放心大胆地把女儿嫁给了满鸾,并用礼钱给自己纳了妾。

可是,朝中有个名叫沈约的大臣对此事提出了异议。他认为,满奋死于西晋,他的后裔没有什么显赫的仕宦业绩,所以,满璋之的家世很可能是伪造的。因此,王源与满璋之联姻,是唯利是图的做法。这一做法会玷污王家高贵的血统,也会玷污士族的高风亮节。于是,他向皇帝上书,要求罢免王源的官职,并终身禁锢。

总之,在魏晋时期,一个人的出身非常重要。因此,无论官方还是民间,都非常重视谱牒的编纂。

隋唐时期

到了隋唐时期,皇家开始依靠科举制来选官,士族制度加速崩解。士人的出身不像过去那么重要了,但是谱牒的编纂依然在延续。为了避唐太宗李世民的名讳,世谱被改称为家谱或族谱。这一时期,皇室的族谱编纂由官方来主导。在民间,私家修撰谱牒的情况也不罕见。例如,刘知几、颜真卿等名人都撰修了自家的谱牒。

唐朝初年,为了抬高李唐的家族血统,李世民下令吏部尚书高士廉、御史大夫韦挺、中书侍郎岑文本等人编修《氏族志》。在编纂时,按照皇帝的旨意,高士廉等人将李氏皇族列为第一等,外戚列为第二等,崔、卢、郑、王等原来的名门望族被列为第三等。此次重修强调了皇族血统的高贵,打击了士族地主的势力,扶持了庶族地主。

在此次编纂《氏族志》的过程中,武则天的父亲并未入选。虽然他是唐朝的开国功臣,又和李渊、李世民都有很好的交情,也对唐朝的建立做出了贡献。但是,由于他官阶不高,未能入选。武则天把持朝政之后,为了打击关陇集团的势力,拉拢出身卑微的人才,她动了重修《氏族志》的念头。于是,唐高宗采纳许敬宗、李义府等人的建议,命令礼部侍郎孔志、著作郎杨仁卿和太常卿吕才等人重修谱牒汇编。

659年,新谱修成,定名为《姓氏录》。在等级划分方面,此次重修以现任官职高低为划分等级的标准。因此,不仅当时五品以上职事官得以入选,而且兵卒中以军功获五品以上勋官者也谱中有名。可是,旧士族未能在当朝任五品以上官职的均未能入选。这一编修原则也在当时的社会上引起了不小的争议。

小知识◎昭穆

昭穆原意是指在宗法制度中对宗庙或墓地的辈次排列规则和次序。按照先秦时期的宗法制度,始祖居中,二世、四世、六世位于始祖的左方,称为"昭"; 三世、五世、七世位于始祖的右方,称为"穆"。《礼记》中讲,祭祀一事有昭穆安排。设置昭穆,是为了区别父子、远近、长幼、亲疏的次序,使长幼尊卑不至于发生混乱。到了后来,人们也用昭穆来指代宗族关系、长幼尊卑的次序。在本书中,"昭穆"一词和世系、宗支、族派意思大致相同,指的是长幼尊卑的次序、辈分等。

3. 族谱的演变

到了宋代，谱牒开始出现了重大变革。苏洵和欧阳修都提出了全新的编修原则和体例。在编纂谱牒时，他们都采用了小宗之法，即世系上追溯到始迁祖或者五世祖。而皇家在编纂族谱时，则往往采取大宗之法，即将家族世系一直追溯到血缘始祖或者受姓始祖。欧苏的谱学思想和续谱原则、体例对后世的影响很大。至此，真正意义上的族谱才开始出现。

宋元时期

宋代之后，官方依然主导皇家谱牒的编纂，同时积极鼓励民间族谱的编纂。朝廷认识到，儒家提倡的孝道、礼乐和宗法等思想，有利于安定秩序和维护统治。1205年，宋宁宗颁下诏令，鼓励民间修纂族谱，力保家族绵延不绝。因此，族谱的编纂主要由民间人士来进行。续谱的目的已由选官和婚配转变为尊祖敬宗、和睦族人。此后的朝廷大都鼓励民间私修族谱。在上述的族谱编纂过程中，儒家的历史意识、重生思想得以体现和贯彻。

族谱编纂流行的宋代

从宋代开始,由于官方提倡,民间续修族谱开始流行,目的是"尊祖、敬宗、睦族"。以徽州地区为例,儒学对于当地族谱的编纂起到了推进作用。宋代儒学家张载认为,在遥远的古代,先王制定了宗法制度,人们知道尊祖敬宗。到了后来,宗法制度被废除,由于谱牒的存在,人们还知道尊卑、亲疏之分。等到续修谱牒的制度被废弃,人们往往不知道祖先何处来,所以家业难以长兴,伦理纲常的贯彻也出现了问题。因此,他认为修谱牒的价值在于安定人心、和睦族群、改良风气。

对族谱的编纂,程颐、张载、朱熹等人都提出了自己的见解。编纂族谱,可以确立嫡庶之别,可以明确财产继承和分配,有利于祭祀祖先。为了给家族内部的贫寒之人以救助,家族大都设置了祭田、书田等共有财产。这些财产可以起到凝聚族群、和睦族人的作用。当时,很多名儒都积极给族谱写谱序。例如,朱熹就曾应学生廖德明的要求,为廖氏族谱作序。

南宋理学集大成者朱熹
朱熹(1130~1200年),字元晦,号晦翁,别称紫阳。他发展了程颢、程颐的学说,形成了程朱学派。集大成的朱熹理学思想成为元、明、清三代占统治地位的官方哲学,影响极大。

忽视谱牒编纂的元朝

元朝并不重视中原文化,官方对于谱牒编纂也不热心,但是民间续谱之风依旧盛行。而续谱的目的也是为了敬宗收族。由于时代久远,元代所修谱牒已经全部散失。因此,也有学者认为,真正的族谱是明清时期才出现的。尽管如此,在元代还是发生了不少和家族有关的故事。

元朝末年,元顺帝即位做了皇帝。有一年春天,他在皇宫中做了一个梦。在梦中,他看见有九根长矛立于朝堂之上。第二天,他就召集文武大臣,要求他们解梦。有个奸臣名叫庞悲,当时担任宰相。他告诉皇帝说:吾皇万岁,矛是铁器。在当今朝廷,姓铁的一族中至少九个兄弟都担任高官。这个梦是暗示您要防止他们谋反。顺帝听从了他的谗言,就下令搜捕铁家兄弟。铁家知道这是株连九族的大罪,就在凤锦桥边插柳为记号,改姓埋名,四散逃命。在逃难路上,有人想起了曹植的《七步诗》:"煮豆燃豆萁,豆在釜中泣。本是同根生,相煎何太急?"这是因为铁氏兄弟和元顺帝都是成吉思汗铁木真的后代。于是,铁家人在逃难路上也作了几首逃难诗。

2004年发现的余氏族谱上面,我们可以清楚地看到当时在朝的余氏朝臣,例如宰相余登阁、尚书余汝谏和进士余天开等。其实,他们当时都姓铁。为了避祸,在族谱中已经改姓余。在族谱上,人们还发现了几首逃难诗。其中一首中有"余本元朝宰相家,洪兵赶散入西涯。卢陵岸上分携手,凤锦桥边插柳桠"的诗句。在另一首诗中,作者写道:"历系原来是铁家……因有奸臣害我意,改姓余氏活生涯。"

总之,宋元时期,民间修纂族谱逐渐开始兴起。但是,由于时代久远,今天我们已经无法看到宋元时期修纂的族谱了,能够看到的族谱大多是明清时期编纂的。因此，我们今天所说的族谱往往指的是明清族谱。

明清时期

1376年，明太祖朱元璋下诏，要求民间重视族谱的编纂。自此，民间的续谱之风也一发而不可收。

后来，章学诚等人进一步强调了谱牒的价值，对于族谱修纂起到了推动作用。各家族对续修家谱热情极高。续谱的目的，大都是为了记录世系传承、辨明长幼尊卑、教育后代子孙、和睦家族等。在撰修体例上，家法族规、祠堂、族产、艺文、恩荣录等内容进入了族谱，而且具备了完备的谱例。有些家族在撰修族谱时，会将皇帝的圣谕收入谱中。于是，族谱的篇幅大增，有的家族修纂的族谱多达几十卷。此外，囊括各地宗支于一部谱牒的统谱开始出现。例如，张宪、张辉阳就在明朝嘉靖年间编修了《张氏统宗世谱》。

这一时期，社会上也有不少与族谱相关的故事。清朝太平天国起义期间，有位姓罗的人背着族谱从江西逃往浙江临安。不料，路上遭到了太平军的追杀，结果族谱被烧，只剩下了一个写有"豫鄣郡，聚金堂"的木制托盘。可见当时的人们非常看重族谱。今天，这个木盘也成了临安罗姓后人认祖归宗的凭证。

这一时期的族谱编纂成果非常丰富。在这些族谱中，有很多穿越历史的风雨流传至今。它们也是我们了解族谱的基本资料。

清代之后

民国时期,各个家族仍然重视族谱的编纂工作。等到改革开放之后,民间的续谱之风又重新兴盛起来。在续谱时,家族大都继承了过去族谱编修的原则。从内容上来看,尽管族谱的篇幅有所减少,但谱名、谱序、姓名源流等基本内容仍然具备,而且世系表仍然是新修族谱的主体部分。

总之,儒学是中国传统文化的主干,在社会生活的方方面面都有着重大的影响。就族谱的编修而言,是儒学在俗世生活中的展现。族谱就是儒学。而族谱承担了民间知识分子自觉在普通百姓之间传承儒学的重要作用,是民间儒学的重要组成部分。族谱的编纂、流传都体现了儒学的影响。

小知识◎开基

开基的意思是开创基业。例如,汉高祖刘邦建立了汉朝,就可以称为高祖开基。在族谱编纂中,开基祖又叫始迁祖,指的是某个家族最初迁居某地的第一位祖先。明代大儒方孝孺说:"建立始迁祖的祠堂,用来维系合族的人心。"例如,岳明珠就是江苏淮阴渔沟镇岳老庄的开基祖。而新泰刘氏的开基祖就是元末明初在新泰做官的刘复初。

二 条分缕析显异同

在族谱这一大概念之下,又有玉牒、统谱、宗谱、支谱、家谱、祠谱等的细分。它们性质相同,收录内容也相似,只是收录范围不同。在本章中,笔者拟简要介绍每种族谱的特点,阐明其独特功用。

1. 玉牒

在帝制时代，以皇家为代表的统治阶层享有政治、经济等方面的特权，而皇族身份则是他们享受特权的凭证。为了防止外人混入皇室，攫取不应得的利益，古代的皇家都会安排专门的机构来编纂皇家的族谱。到了唐代，唐文宗正式把皇家族谱赐名玉牒。

在古代，皇室玉牒的编纂是由皇家安排专门机构来进行的。在皇室成员中，一旦有小孩出生或者老人去世，相关人家都要向宗人府报告。而宗人府要做好相关记录，以备下次编纂玉牒时作为参考资料。这些资料积累都是做好玉牒编纂的关键因素。

清代以前的玉牒

玉牒记载了皇室宗亲的世系传承，体现了嫡庶之别和血缘亲疏。在商代的甲骨上面，人们已经发现了类似玉牒的内容。到了周代，朝廷设置了专门记录王室世系传承的谱官——小史。在战国时期，各诸侯国都有专门管理王族谱牒的官员。秦朝设立了宗正，具体管理皇族事务和玉牒的编纂。汉代的宗主往往由皇族来担任，负责根据统计上来的宗室名册纂修玉牒。宗室子弟一旦犯了罪，就会被开除出皇室谱牒，失去享受皇族特权的资格。在三国两晋南北朝时期，皇族谱牒的编纂一直在延续。隋代也设有负责皇室谱牒编纂的宗正卿。

到了唐宋时期，玉牒的编纂更加完备，种类也较以往更为丰富。828年，唐文宗把皇室谱牒赐名为玉牒。例如，唐代出现了专为历代皇后、公主、王孙等制作的专属谱牒。在宋代，玉牒不但记录了皇帝世系，而且记载本朝的大事和皇后事迹等内容。明代的玉牒一般10年一修，还出现了专门记录驸马的《明主婿》。

清代玉牒

清代，皇家在编修玉牒时，区分宗室玉牒和觉罗玉牒。前者记录的是从清太祖努尔哈赤的父亲塔克世算起，直系子孙的后代为大宗，称为宗室。而塔克世的兄弟及叔伯兄弟的子孙即为小宗，称作觉罗。

在编排方式上，清代玉牒又分为横格玉牒和直格玉牒。横格玉牒只录男子，又分为宗室子孙横格玉牒和觉罗子孙横格玉牒。在横格玉牒中，一般是每页13横格，每格代表一个辈分，辈分最高者写于卷首第一横格，其他人按照辈分依次递降，内容也较为简单。直格玉牒则区分男女，每页包含16行空格，原则上同一辈分的人修一册，男女分开。直格玉牒分为四类，分别是宗室子孙直格玉牒、觉罗子孙直格玉牒、宗室女孙直格玉牒和觉罗女孙直格玉牒。在装帧上，宗室玉牒和觉罗玉牒也有区别。宗室玉牒是黄色封面的，而觉罗玉牒则是红色封面的。玉牒一般不到10年就续修一次。

在清代前期，玉牒都是用满文书写。雍正以后，玉牒用满汉两种

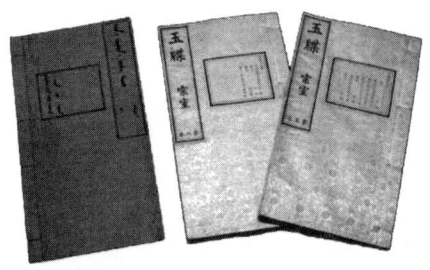

清代玉牒
清代玉牒是我国唯一系统保存至今的皇室谱牒，完整无缺，现分别保存在中国第一历史档案馆和辽宁省档案馆

文字书写。嘉庆以后，横格玉牒只用汉文书写。玉牒修完后，要誊录三份，一份交由皇帝御览，并藏之皇宫，在另外两份中，一份交宗人府收藏，一份交礼部收藏。到了乾隆二十五年（1760年）之后，玉牒只誊录两份，一份由皇宫珍藏，一份送回今天的沈阳故宫珍藏。

总之，皇家把玉牒编修看作大事，在编修时非常严格，编好后由专门机构保存。玉牒在确定皇室、宗亲世系传承方面具有重要价值，在选官、袭爵、婚配等方面都有不可忽视的作用。

2. 统谱

统谱又叫统宗世谱、大成谱、总谱等，包括同姓统谱和异姓统谱。前者是指记载某一姓氏世系流变的谱牒，如张氏统谱记载的就是张氏一姓的由来和传承。在明代，囊括各地宗支于一部谱牒的统谱开始出现。例如，张宪、张辉阳就在明朝嘉靖年间编修了《张氏统宗世谱》，记录了张氏一姓的由来及变迁。

异姓统谱又叫万姓统谱，是试图记载中华各姓氏的世系流变的谱牒。如明代凌迪知编修的《万姓统谱》即是异姓统谱的代表，谱中提出了中华万千姓氏都源于

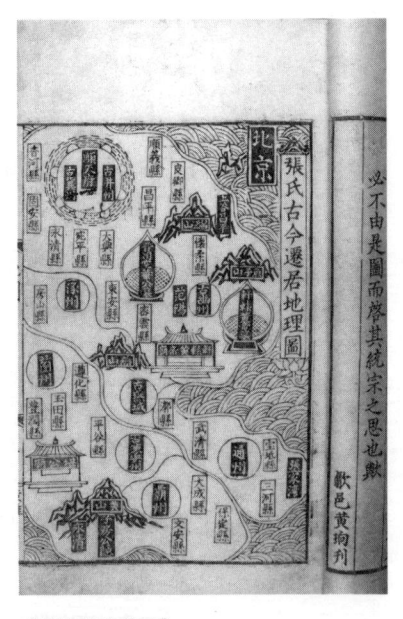

《张氏统宗世谱》
明代嘉靖年间刊刻，纂修者为明代张士镐等人。该谱以张挥为受姓始祖，以留侯张良为一世祖，记录了全国10多个省的117个张姓衍派的传承

黄帝的说法。这一观念影响很大。明清时期，在编修族谱时，各个家族都会从始迁祖开始一路追溯至黄帝。

小知识◎挥

挥是轩辕黄帝的孙子。传说黄帝的第五个儿子名叫青阳，挥就是青阳的儿子。他和颛顼是同一时代的人。挥创造了弓箭，提高了所在部落的战斗力和生活水平。在颛顼与共工的争斗中，挥发明的弓箭起到了巨大的作用。后来，他被任命为掌管弓箭制作的官吏。他的子孙也被赐姓为张。因此，挥是今天张姓的始祖。由于颛顼定都在今天的河南濮阳，所以张姓的祖籍地也就是濮阳。今天，人们还可以在濮阳城里面的四牌楼上看到"颛顼遗都"四个大字。

3. 宗谱

宗谱记载的是同一祖先之各支系的完全谱牒,缺一不可。在此意义上说,宗谱是同姓统谱的二级组成部分。例如,《孔子世家谱》即是宗谱的代表之一。它是民间族谱之最,是唯一允许使用"世家"这一诸侯才能使用的名号的宗谱。

孔子是殷商时期子姓的后裔,孔父嘉是孔子的六世祖。作为孔子后裔的孔家自称为"内孔"或者"真孔",而把非孔子后裔的孔

孔子
孔子(前551~前479年),名丘,字仲尼,春秋时期鲁国陬邑(今山东曲阜)人,儒家学派的创始人,著名思想家、教育家,是世界文化名人

氏称为"外孔"或者"伪孔"。在非孔子后裔的孔氏中,既有企图混进圣裔获得免税等待遇的,也有衍圣公府奴仆孔末的后代。

孔末乱孔

说起孔末,就不得不提起"孔末之乱"。这是一个发生在五代十国时期的跌宕起伏的故事。孔末的先祖名叫孔景,是南朝刘宋时期住在孔林附近的五户人家之一。442年,皇帝下令免除孔林附近五户人家的徭役,要求他们以打扫孔林的卫生代替徭役。孔景就是其中之一。到了唐朝末年,孔子后裔人数众多,但大都居住在外地,定居在曲阜的人并不多。孔子第42代嫡长孙孔光嗣未能继承早就由唐玄宗设立的文宣公职位,只是在905年被任命为泗水县令。

913年,孔末趁着天下大乱之际,带领暴徒将居住在阙里的孔氏全部诛杀。之后,他又率领歹徒赶到泗水,杀害了孔光嗣。孔光嗣的家产和地位都落入了孔末之手。此后,孔末自称孔子后裔,主持祭祀孔子的诸般事宜。孔光嗣的独子孔仁玉因为被母亲带回娘家而幸免于难。孔末并不知道孔仁玉的存在。

930年,有人向朝廷举报孔末杀害圣裔、夺取官爵的恶行,声称孔光嗣的独子孔仁玉尚在人间。后唐的唐明宗李嗣源派人到曲阜查证,发现举报属实,就处死了孔末。孔仁玉被任命为曲阜主簿,主持祭祀孔子。933年,孔仁玉袭封为文宣公。孔子家族历经磨难,终获兴盛。孔仁玉也被孔氏后人尊称为"中兴祖"。

《孔子世家谱》

《孔子世家谱》是记录孔子后裔的族谱。"世家"一词原意是指记录王侯家世的传记。由于古人把孔子看作是素王,所以孔子后裔的族谱也就被称为《孔子世家谱》

《孔子世家谱》的修纂

孔氏家族把编纂族谱视为大事,编纂族谱的目的在于"详世系、联疏亲、厚伦谊、严冒紊、序昭穆、备遗忘"。编纂族谱,还可以清查和防止"外孔"乱宗。

在北宋之前,《孔子世家谱》名叫《孔氏家乘》,只记载世袭奉祀的宗子的名字。1085年,孔子第46代孙孔宗翰组织宗亲搜集资料,创修孔氏族谱。这是孔氏家族的第一部族谱,将本族嫡系及支庶一并收入,正式刻版印刷。后来,孔氏家族逐渐形成了"六十年一大修,三十年一小修"的续谱规矩。《孔子世家谱》的第五次大修开始于1999年,历时10年,完成于2009年。在本次编纂过程中,女性族人、少数民族、外籍孔子后裔首次可以入谱。

总之,宗谱记载的就是同一祖先的各个支系的子孙的情况。例如,明代安徽祁门人陈坚所纂修的《陈氏大成宗谱》,即是祁门陈氏的宗谱。明代儒学家王阳明曾经为本谱作序。

4. 支谱和房谱

同一始迁祖到某地开基后,他的每个儿子的后裔都可以称为一支。支谱则是某一始祖的每个儿子之后裔世系流变的谱牒。支谱又叫房谱,二者差异不大。以桃源文氏为例,共分为五房,分别是南大房、东二房、西三房、中四房、北五房。光绪年间续修桃源文氏族谱时,五房各自续修了本房的房谱,又共同续修了合族的族谱。

关于房谱、支谱与合族共谱的关系,文氏族人认为族谱记录了桃源文氏全族的大纲,而支谱则记录了某一房的详细情况。用衣服打个比方来说,族谱就像是衣服的领子,而支谱就像是衣服上面的纽扣。如果用房屋来作比喻,族谱就像是房屋里面的梁柱,而支谱就像是房屋的门和栏杆。支谱并非纠缠于细枝末节,而是详尽记录实际情况;而族谱并非粗疏,而是努力探究文氏族人的源流。所以,没有族谱,不能把桃源文氏五大房联为一宗;没有支谱,则不能拾遗。

5. 家谱

所谓的"族"指的是同一始祖之下某宗之后裔迁徙到某地繁衍出来的一个大家族。族谱描述的是始迁祖繁衍而成的大家族的情况。家谱和族谱的差异不大，笼统地说，都是记载同一始迁祖后裔情况的谱牒。

以徽州为例，从明代中叶开始，当地既有合族设立谱局，集合全族力量修纂的族谱；又有个人凭一己之力修纂的家谱。前者不妨称为合族公修族谱，后者则可以称为私纂家谱。前者的篇幅往往较大，有时多达几十卷；后者的篇幅往往较小，大多只有几卷。公修族谱往往体例完备，内容丰富。私纂家谱则体例简单，内容也较单薄。另外，公修族谱往往比较看重当时的伦理道德，内容选择上限制较多。而私纂家谱则较为自由，更能反映社会生活实际。

尽管上述诸种族谱有内容和收录范围上的差异，但都是为了一个共同的目的，即为了实现"心正而后身修，身修而后家齐，家齐而后国治，国治而后天下平"的步步推衍，实现天下太平。

三　提纲挈领明宗旨

族谱的编纂是在儒学指导下进行的，从浅层次上看反映了祖宗崇拜，从深层次上看，则是儒学思想的反映。族谱，一般由以下部分组成：谱名、谱序、凡例、姓氏源流、世系考、世系表、人物传记、祠堂、坟茔、家训族规、恩荣录、像赞、艺文、纂修人名、领谱字号等。在接下来的几章中，笔者将以宣统版《黄县太原王氏族谱》和《定阳张氏族谱》等明、清、民国时期编修的族谱为例，简要介绍族谱各部分的主要内容及编纂注意要点，解释其中的儒家思想。

1. 谱名

此处将阐明本族的姓氏和堂号、续修次数等问题。以宣统版《黄县太原王氏族谱》为例，在封面上即写明本谱由发源于太原的黄县王氏族人续修，重修时间为宣统己酉年（1909年）。其中，黄县是地名，太原王氏则是堂号。而合阳刘氏在民国3年（1914年）重修的族谱直接取名为《刘氏族谱》，也是在封面上写明了重修时间，还注明了这本是宗祠藏版。

堂号，实质上是祠堂名号，是家族的标志和代表。堂号的来历有很多，有些来源于名人的室名或者书斋名。例如，裴度别墅中的室名"绿野堂"，后来就成为裴氏的堂号。谱牒学研究学者徐建华认为："堂号中所使用的郡望，实际上是郡名或者郡号。"郡望包括发祥之郡和望出之郡两类。前者指的是某些姓氏或者家族兴旺发达的发祥之地。后者指的是从发祥之地迁到他郡，后来又成为该郡的名门望族。其中，李氏"陇西堂"、王氏"太原堂"用的都是发祥之郡的郡名，而王氏"琅琊堂"则用的是望出之郡的郡名。此外，堂号的来历，还有根据先人的德行来命名的。例如杨氏"四知堂"的堂号，就来自东汉名臣杨震的"天知、地知、你知、我知"的拒绝贿赂的千古名言。杨氏用"四知堂"作为堂号，是希望后人能够弘扬先辈的德行，将家业发扬光大。

在族谱中，对于郡望和堂号的强调，是由基于血缘亲情的仁爱思想所决定的，也是修齐治平思想在民间的起点和落实。

小知识◎王子乔

王子乔是王氏的始祖。他是周灵王的太子，名晋，字子乔。他聪明博学、温文尔雅，深受百姓的爱戴。公元前551年，周朝发生了水患，有可能危及王宫。周灵王打算采取水来土掩的办法来治理水患。太子晋提出反对意见，惹恼了周灵王，被贬为庶人。三年后，太子晋去世了。人们传说他能预卜生死，成了神仙。太子晋的儿子宗敬辞官之后，来到山西太原居住。因为他出身于王室，所以人们称呼他王家。于是，他就干脆以王为姓。因此，太子晋就成了天下王氏的始祖。

太原双塔

双塔背拥太行群峰,面朝汾水一带,位于城东南的双塔寺内,是古代太原的标志性建筑。王子乔是天下王氏的始祖,他的后代曾在山西太原居住

2. 谱序

谱序又叫卷首语，包括新序、旧序、族外人的客序、目录和刻印人名，以及其他关于本族的记述。谱序的内容大多是论述纂修族谱的重要意义、本族历次修谱的情形、本次修谱的缘起和本姓本族的源流等。而外姓名流所作的谱序，则注重儒家道德伦理的宣扬，强调敬祖宗、辨昭穆、孝祖先等。谱序的作者包括各色人等，有的是本族之人，有的是社会名流，也有的是当地的地方官员。例如，在宣统版《黄县太原王氏族谱》中，就有黄县地方官袁中立撰写的谱序。

族人记述

关于族人记述，本书将以黄县太原王氏族谱、定阳张氏族谱、合阳刘氏族谱、新泰刘氏族谱、洪洞韩氏族谱为例加以梳理。

太原王氏谱序

黄县位于胶东半岛，1986年撤县设市，叫作龙口市。在宣统版《黄县太原王氏族谱》中,包含谱序23篇,还有《祖茔建碑记》《义冢记》等记述。

续谱缘由 在《黄县太原王氏族谱》中,曾经担任抚宁知县的王道同提出的无用论,成为王氏族人的治家格言。他说:"莫笑人无用,无用是福证;试看无用祖,子孙多繁盛。"到了康熙丁未年,王心宇的孙子王卜写作了《无用说》,表示王氏之无用是希望以无用为手段,获取有用之福。他希望后世子孙做事切勿行险侥幸。他又借用忠厚传家的谚语和《周易》里面的"积善之家有余庆"的说法,提出无用即忠厚之道和积善之道。这一思想对王氏族人影响很大。

关于族谱的价值,王嗣周把它与国史、邑乘相提并论,认为三者的功用有相同之处。关于续谱的意义,王懋勉用"别世代、序宗支、辨同异、联亲疏"来概括。所谓别世代,就是要辨明长幼尊卑,联系宗亲。在分支派别之中,族人可以溯源思本、敦宗睦族。这一观念代表了王氏族人的续谱思想。王常翰引用了《周易》里面的思想,即"有男女然后有夫妇,有夫妇然后有父子,有父子然后有兄弟"。他认为,君臣、朋友、国家都以家族为起源。社会以家族为肇始,礼仪以亲族为本。他更加看重族谱的教育功能。

在写作谱序时,王氏族人经常引用儒家典籍。在撰写《又叙》时,王尔扬引用了韩愈的名言:"莫为之前,虽美不彰。莫为之后,虽成弗传。"这句话出自韩愈的《与于襄阳书》,原文是"莫为之前,虽美而不彰;莫为之后,虽盛而不传"。意思是说:不要做在前头,虽是好事却无人知晓;不要做在后头,虽然盛大却不能流传下去。王尔扬引用这句话,表明了族谱编纂可以承前启后。王嗣周引用了《诗经》里面的"无念尔祖,聿修厥德"。这句话出自《诗经·大雅》,意思是说:你能不追念你祖父文王的德行?如要追念你祖父文王的德行,你就得先修持你自己的德行，来继续他的德行。王嗣周还引用了《礼记》里面的"合族以食，序以昭穆"。

续谱经过 截至1909年，黄县太原王氏的族谱总共进行了6次编修。以下是历次编修的情况：

王氏族谱肇始于明代中叶的心宇公。1756年，族谱大修一次。1779年，十三世孙王克亨计划重修谱牒。他在王行居的支持下，召集族人商议续谱事宜。经过艰苦的努力，终于有所成就。无奈由于人心不齐、众论难一，未能付梓。

嘉庆二十二年（1817年）春，十五世孙王敷寅、王敷珍等人打算续谱。在续谱的过程中，他们遇到了种种困难。以集资而言，有的人答应捐款却不兑现，有的人后悔捐多了，有的人讽刺他们不会成功，有的人说他们续谱只是为了满足口腹之欲。对于这些非议，他们都置之不理，续谱终获成功。此次是王氏族谱第二次大修。作者希望后人有敢于迎难而上的勇气，在续谱时不要为众议所动。

同治年间，王敷传续谱未能成功。光绪三十二年（1906年），合族在始祖茔房内共议续谱之事，公推王基鸿、王慕会、王常师等11人为首事，族人踊跃捐款，采访行程长达500多公里，终于续修成功。到了宣统元年（1909年），王氏族人再次进行续谱。

总之，在谱序中，王氏族人强调了续修族谱的意义，考察了王氏的世系传承，简要回顾了以往续谱的情况，还把建修茔碑、茔房等族中大事记入族谱。

定阳张氏谱序

在《定阳张氏族谱》中，既有官员撰写的谱序，也有张氏族人撰写的谱序。吏部尚书协办大学士蔡新和礼部官员徐昆分别撰写了《张氏族谱序》。在论述族谱续修的意义时，蔡新先引用了《周易》里面的"积善之家必有余庆"的说法，又引用了韩愈的"莫为之前，虽美而不彰；莫为之后，虽盛而不传"。徐昆则叙述了自己和张燮交往的情形，并记述了张燮教育子孙的训诫，即："勿以意气先人，勿以智巧自矜；宁朴勿奢，宁宽勿鄙，宁厚勿浇；宁留阴德，勿存阴谋。"蔡新和徐昆都肯定了张氏族谱续修的价值，并且希望张氏族人可以继承祖先的美德和事业，并将其发扬光大。

就张氏族人撰写的谱序而言，张煐撰写的《宗谱识略》和张燮撰写的《族谱序》是最重要的。张煐论述了族谱修纂的意义，还考察了定阳张氏从一世到六世的世系传承。张燮则历数了张良、张道陵、张昭、张旭、张巡、张载、张栻等张姓名人，希望子孙克绳祖武，牢记忠厚清白的家教。到了嘉庆年间，张企栻、张企禹、张清政等人又分别撰写了《族谱序》，表示希望继承张燮和张煐的德业，续修族谱。到了道光年间，张清谟、张清咏、张清甸等人又分别撰写了《族谱序》，重申了续修族谱的意义，希望后世子孙牢记水源木本之谊，勿忘尊族敬宗、亲睦族人。总体来看，在张氏族人看来，续修族谱是为了尊族敬宗、记录世系和亲睦族人。

合阳刘氏谱序

在《合阳刘氏重修族谱》（民国3年版）中，有谱序多篇。其中，大部分为刘氏族人撰写。例如，刘上位撰写了《跋》《家谱自序》《分晰序》等，而刘永济和刘良标则分别撰写了《家谱自叙》。关于续谱的缘由，刘上位认为，续谱可以确立宗法，明确族派；可以弘扬祖宗功德，保证祖宗可以得到后世子孙的长久祭祀。历史上曾经发生过名门之后降为皂隶的悲剧，例如楚国名相孙叔敖之子贫而负薪。他担心刘氏子孙出现这样的情况，所以对刘氏子孙提出了如下希望：居家以孝悌为本，与人交往以忠信为本，熟读诗书，通晓礼仪，在生活上要去奢从俭。他希望刘氏子孙以丕振家声为己任，继承祖德，发展自己，为后世子孙提供学习的样板。

刘良标认为，续谱可以联系宗亲，让他们认识到今天之族众来源于以往之一人。他认为，续谱可以上治祖祢，下治子孙，使天地间的秩序和人间的纲纪得以重新确立。刘永济提出，续修族谱，可以保证祖宗的坟墓不会无人祭祀和修葺，子孙的班行不会紊乱，家规族训不会流于形式。此外，刘氏族人还在谱序中追溯了刘氏的姓氏源流和本族祖先的迁徙情况。

新泰刘氏谱序

再以新泰刘氏为例，刘复初系始迁祖。他是丰高人，在元末明初来到今天的山东新泰。在元朝末年，他曾经被举荐委派官职。考虑到当时天下大乱，他没有出来做官。等到明朝的军队来到山东时，他被举荐为新泰县令。后来，明太祖即位后，实授为新泰第一任县令。由于他勤政爱民，政绩卓著，在其任期届满时，百姓不忍他离去。于是，他就定居于新泰。

目前，新泰刘氏已经繁衍20余代。在600余年的历史中，新泰刘氏曾经多次续谱。2001年续谱时，新泰刘氏将以前的所有谱序都加以整理和收录。翻阅这部族谱，其中，谱序有10余篇。在康熙十四年（1675年）由刘琪撰写的《谱碑序》中，他引用了《周易》里面的"仁为原善之长"，又引用了孔子的"亲亲为仁之大"，来说明续修族谱的目的在于敬祖睦族。在乾隆元年（1736年）四月由刘恕撰写的《重修族谱碑序》中，提出续修族谱是为了"纪世系别统宗"。另外，谱内还有其他人撰写的《谱碑序》《尅林碑序》等内容。

洪洞韩氏谱序

写于嘉庆二十年（1815年）的洪洞韩氏《重修族谱跋》中，韩有庆指出，神医祖以仁术倡家，忠定祖以丹心谋国。此二人的忠孝节义、嘉言懿行得到了人们的认可，已经载诸史册。续修族谱，就是要访查前贤的文章，效法祖先的族谱续修，增加字号，查明支派传承，记录韩氏族人入仕做官的情形，记录他们的嘉言懿行，学习先祖的忠贞爱国、孝悌忠信等美德，克绍箕裘，光大韩氏家族。这一谱序大力赞美先祖韩神医、韩忠定的忠孝节义，表明重修的目的是为了记述先辈的嘉言懿行，以便对后世子孙进行教育。

小知识◎续谱

随着岁月的流逝，老人去世、小孩出生、人员迁徙等情况不断增加。这些情况都要反映在族谱的续修中。族谱的续修有明显的时间要求，例如有的家族规定：30年一小修，60年一大修。以山西洪洞韩氏为例，从明代成化二年（1466年）到清代咸丰七年（1857年）的391年间，韩家总共9次编修家谱。从续修频率来看，洪洞韩氏算是比较频繁的了。再以新泰刘氏为例，一般50年左右续修一次。在实际操作中，这些规定往往难以得到认真落实。例如，《孔子世家谱》的续谱时限为60年。可是，1937年续修完成之后，2009年才完成新的续修。

名流谱序

欧阳修

欧阳修曾为宁都古虔化廖氏家族作过谱序。他认为,家族有族谱是非常光荣的事情。如果没有族谱,就会出现尊卑失序的情况。而尊卑失序又会出现恩义不明的情形,进而出现家族内部的争斗不息,这些都会导致儒家所提倡的"亲亲"的缺失。关于族谱的优劣,他提出"谱贵详实"的论断,族谱不实就会违背"报本反始"的儒家观念,也会损害孝心。感念于廖氏家族的仁孝之心,他为其作序,祝愿廖氏后人绵延不绝,廖氏的诗书礼乐代代传承。

朱熹

在宋代大儒朱熹看来,续修谱牒的目的在于"追本溯源",辨明

《宁都廖氏族谱》
在《宁都廖氏族谱》中,我们可以看到欧阳修、陆九渊、朱熹等人为宁都廖氏撰写的谱序

昭穆、异同、嫡庶、长幼和尊卑。对于唐代之后的修谱之风的衰落，他感到惋惜，积极致力于推动续谱。关于祖宗和子孙的关系，他认为可以用"千流万派，总归一源；叶茂枝繁，不离一本"来描述。

在《婺源茶院朱氏世谱后序》中，朱熹对于先人入闽的情形和自己的祖籍进行了考辨。1194年，应福建刘氏之邀，宋代儒学家朱熹撰写了《题刘氏宗谱序》。在这篇序文中，朱熹首先从天象入手，把三垣九曜围绕北极星和人间君臣关系做了类比；他又把昆仑山看作五岳之本，并以此来比喻后世子孙本于祖宗一身。孝顺父母和忠君爱国是同一道理。做臣子的应该鞠躬尽瘁，做子孙的要慎终追远。刘氏的谱牒能够追本溯源，明确大宗小宗之分，辨明昭穆，明确长幼尊卑，实乃大忠大孝之义举。此外，朱熹还曾为济南辛氏、紫岩周氏、福建林氏、华林胡氏、宁都廖氏等家族作序。

陆九渊

1178年，应进士廖光请益，宋代儒学家陆九渊为宁都廖氏作了谱序。在这篇谱序中，陆九渊指出，自始祖叔安公之后，虔化（后改称宁都）廖氏人才辈出，照耀宗谱，值得赞赏。他认为廖光出身簪缨望族，一心笃志向学，学博才优，担任郎署之职。他希望廖光"尽忠报国"，使君主可以变成尧舜之君，使治下的百姓可以变成良善之民。陆九渊希望廖氏子孙修身慎行，力学务本，出处隐显皆以忠孝为重，光大祖宗之德业。此外，因郑伯瞬之请，陆九渊还曾为荥阳郑氏作过谱序。

王阳明

应安徽祁门人陈坚所请，王阳明为《陈氏大成宗谱》作序。在此

《永安陈氏大成宗谱》
陈益人（又名陈尚国）主持编纂，共4册，150余万字。位于江西省九江市德安县的中华义门陈氏总部已将这套族谱收入中华义门陈氏总序列

篇序文中，王阳明首先肯定了陈坚纂修陈氏宗谱的意义。他说，陈君能够溯本求源，合天下陈氏于一谱，是对于陈氏大有功绩的盛举。陈氏能够如此做，说明他具有仁爱之心、远大志向、力行精神和渊博学识。他认为，陈氏原本是妫姓，始祖胡公满被周武王封于陈。到了潜公越执政时期，陈国被楚国并吞。潜公越的子孙就以国为姓，这是天下陈氏的起源。陈平、陈汤、陈霸先都是陈氏子孙中的佼佼者。

他还考辨了陈氏族人在各地的分布和各自的来源，并特别提到了同居共爨的义门陈氏子孙的后世分布。王阳明极大地肯定了《陈氏大成宗谱》的纂修在谱学上的价值。陈坚"辑谱牒、表世系、叙节略、写遗像"的壮举，既无愧于天地、祖宗，又可以汇总族人于族谱之中，使得天下陈氏合为一家。

孙中山

革命先行者孙中山曾为族谱作序。1920年4月，应朋友阚钧所请，孙先生为《合肥阚氏家谱》作序。在这篇序文中，孙先生把阚氏的起源追溯至蚩尤，极力表扬蚩尤的革命精神。在历数阚泽等阚氏名人之后，他考辨了合肥阚氏的源流，极力赞扬其自治精神。最后，他提出励志合群是中华民族的首要方针，希望阚氏族人能够继承祖先发奋自强、百折不挠的精神，以改良风俗为己任，注重教育，汇集群众的力量，致力于国家兴盛。

1923年1月，应革命友人詹大悲所请，孙中山先生为《詹氏族谱》作序。在序文中，孙先生提出天下大同是自治的理想。他又比较了中华与欧美国家的差异，提出家族自治的意义。他说，《族谱》中所载的族人的文章、事业可以补国史之不足。族人的迁徙、生死和婚姻等状况，如果没有族谱就无法考证。他强调了独立对于民族的重要性，希望各民族能够各自独立发展，共同达到天下大同的理想社会。族谱的纂修，有利于团结族人，化解家族内部的敌意，实现族内的和谐。如果能够将家族内部的"亲亲"推广开来，就有助于实现世界的大同。

小知识◎易

在中国古代，易既是指《周易》这本书，又是指易学。《周易》古经原本是一部卜筮之书，孔子把它变成了一部哲理之书。在汉代，《周易》被称为"六经之首、大道之源"。在魏晋时期，人们喜欢谈论玄幻缥缈的东西。由于《周易》的思想比较玄妙高深，所以当时的人们把《周易》称为三玄之首。到了今天，人们认为《周易》是中国文化的源头。从学术上来看，易学可以分为象数和义理两大学派。在民间，也有不少人用《周易》来算命、看风水。

◎箕裘

"箕裘"一词来源于《礼记·学记》一书，用来比喻祖先的道德和事业。《礼记》里面说精通冶炼的铁匠的后代，在耳濡目染之下，会学着使用冶铁时用来鼓风的风裘。会做弓箭的匠人的后代，在潜移默化之中，会学习制作扬去米糠的竹器或者装东西的畚箕之类的东西。如果要让小马学会拉车，就要先把它系在车子的后面，让它跟着学习。在这儿，作者的意思是说后代子孙要善于继承祖先的道德和事业。从"箕裘"一词出发，后人又创造了"克绍箕裘""箕裘相继"等成语，都是用来比喻能够继承祖辈、父辈的道德和事业。在《黄县太原王氏族谱》的谱序中，作者使用了这一典故。"堂构"的意思和"箕裘"差不多。

3. 凡例

凡例又称谱例,主要阐述族谱的纂修原则和体例,订出若干条适合社会潮流与需要的规则,作为修谱时所要遵循的原则。例如,1774年,在续修《孔子世家谱》时,衍圣公府颁发的谱例共有34条。

入谱规矩

一般来说,族谱在收录族人时,并不考虑他的贫富贵贱、社会地位如何。只要是同一祖宗的子孙,只要不违犯国法、家规等硬性要求,都能入谱。

入谱规定

天津徐氏规定族人出赘改姓或者过继他姓者入谱,以免近亲通婚。洞庭严氏也做了类似的规定,这是给他们有朝一日认祖归宗留了后路。洞庭严氏规定,严家媳妇无论是原配、继配还是妾都可以入谱,而女儿则不能入谱。太仓陆氏把出赘和过继的族人列在附后卷中。

正在演出的戏曲演员
戏子是古代对戏曲演员的蔑称。在当时,戏曲演员居无定所、收入不高。在演出时,丑角还会被人耻笑。所以,很多家族拒绝将以唱戏为生的家族成员入谱

出谱规定

对于违犯国法家规、从事贱业者,家族会有削除谱籍的处罚。例如,天津徐氏规定触犯国法、家规者不予入谱,不孝父母者不能入谱。这是为了告诫族人不要肆意妄为,也是为了避免家族遭到株连之祸。妾无子女不能入谱。这一做法体现了对原配妻子的尊重。如果有了长大成人的后代,无论男女,作为母亲的妾都可以入谱。挑衅词讼者不能入谱,卖谱者子孙永世不得入谱,从事皂役、倡优等贱业者不予入谱。族人出家为僧做道,则不能入谱,原因是这两种人不会有后代,违反

了"不孝有三，无后为大"的儒学教导。此外，天津徐氏也拒绝将收养来的义子入谱。有的家族也有变通规定。例如洞庭严氏规定，做了僧道的族人，一旦还俗，就可以入谱。

小知识◎验谱

族谱的保存是非常严肃的事情。如同治版五牧刘氏族谱规定，要妥善保管族谱，不得外借或轻易示人，以免外姓乱宗。在古代，为了督促族人妥善保存族谱，族长会定期组织验谱活动。在验谱时，各家要携带自家收藏的族谱按时到场，族长带领全族人来检查各家的保存情况。如果有的人家保存的族谱被虫蛀了，或者污损了，就会受到处罚。万一有的人家拿不出族谱，族众就会怀疑他家把族谱出卖给异姓，受到的处罚就会更加严重。例如，对于族谱保存不当、售卖等行为，江西宜黄的棠阴罗氏会予以罚银、除名等重罚，甚至送官查办。

◎嘉言懿行

"嘉言"一词出自《尚书·大禹谟》，指的是美好的言语。到了宋代，朱熹提出"见人嘉言善行，则敬慕而记录之"，意思是说见到别人的美好的言语和仁爱的行为，君子要表示敬慕并加以记录。到了清代，方苞在《先母行略》一文中使用了"嘉言懿行"，意思是美好而善良的言行。而"污言秽行"则指的是丑陋的言语和行为。在族谱修纂中，对于祖先的嘉言懿行，修纂人往往大加赞赏，也希望后世子孙能够继承祖先的道德和事业，光大本族的名声和事业，使本族能够兴旺发达。

立传规矩

对族人之中，获得功名、官职，具有孝顺、守节等突出事迹的人，族谱编纂者往往会专门立传进行表彰，也是希望给后代子孙树立学习的楷模。

准予立传

对于族人中的有德行、文艺、官职、义行者，孝子，节妇等具有突出事迹的人，家族会在记录世系传承的同时，额外给他们立传，既表彰他们的嘉言懿行，又要给后世子孙树立学习的标杆。

例如，武进修善里胡氏对有功德才长者，功名爵秩者，忠孝节义、守节育孤者，持家勤俭、学习刻苦、品行端正者，专门立传进行表彰，给后世子孙树立榜样。对于族中妇女，在丈夫死后，年龄不足三十而能守节者，在立传时表彰其德行。如果年逾三十，而能够抚育孤子使其成才；或者家庭贫困，而能教育子女成才者，也予以立传表彰，凸显她的贤惠和慈爱。天津徐氏家族也注重对贞烈女子的表彰。

对于科举中第的胡氏族人，编纂者都会一一注明。例如获得秀才、庠生、进士等者，都会在族谱中注明。对于纳入乡饮者，在名下书写"乡饮宾"；对于读书一生而无功名者，在名下注明"处士"；对于读书少年未有功名者，在族谱中字号下书"业儒"。黄县太原王氏的做法

三　提纲挈领明宗旨 | 47

北京国子监进士题名碑

石碑共有189块，刻有元、明、清三代进士的姓名、籍贯和名次，最早的是元代的3块石碑。在石碑上，人们可以找到于谦、袁崇焕、纪昀、刘墉、林则徐、李鸿章、沈钧儒等人的名字

与此类似。在王氏族谱中，我们经常可以看见贡生、庠生、太学生等注解。

总之，在族谱编纂时，除了常规性的上谱之外，又给予特别立传的主要是以下几种人：（1）具有职务的官员；（2）接受朝廷封赠的男女；（3）获得功名的人，不论进士、举人、贡生、诸生及捐纳的贡监生均可；（4）孝子和节妇；（5）对家族有特殊贡献的，例如兴修族谱、祠堂、义田等；（6）具有嘉言懿行的缙绅贤达。

不予立传

对于有些具有突出事迹的族人，本来应该立传表彰的，但是，如果出现了下述情况,则不会立传。按照古代的殇服制度,8岁以下为无服之殇,8岁至11岁为下殇,12岁至15岁为中殇,16岁至19岁为上殇。对于这些未婚先逝者,族谱一般都不会立传。例如,苏州彭氏族谱规定:对于未婚殇逝者,只在其父名下注明,并不做传。而山东即墨万氏家族规定,对于未娶妻就夭折的人,在族谱中注明"殇";而对于娶妻后而夭折者,则书写"早卒"。

孟府大门
孟府位于山东省邹城市,也叫"亚圣府",是孟子嫡系后裔居住的地方。孟府始建于宋代,和孟庙很近,仅有一街之隔

此外,不能立传的,往往还包括如下几种人:(1)反叛朝廷的;(2)违背伦常道德的;(3)不听调解,挑衅词讼者;(4)出家为僧道者;(5)从事倡优、皂隶等贱业者;(6)侵夺家族公产,出卖宗谱者;(7)夫死再嫁的妇女。

小知识◎庠生

在先秦时期,学校已经被称为"庠序""辟雍""成均"等。到了汉代,官方把最高学府称为太学,隋以后又改称国子监。所以,人们就把在学校里面上学的学生称为"庠生"。明清时期,国子监变成了国家的最高学府和教育管理机构。州县的学校被称为"邑庠",所以秀才被叫作"邑庠生",

也叫茂才。在和官府打交道时，秀才往往自称"庠生"或者"生员"等。在当时，如果能够中了秀才，也是家族的荣耀。所以，很多家族在编纂族谱时，会在获得秀才的族人名下注明"庠生"。

◎乡饮酒礼

乡饮酒礼是古代嘉礼的一种，一般在举行射礼之前举行，形式上是宴饮聚会。《礼记·射义》里面说："在乡饮酒礼时，一定要分清长幼尊卑的顺序。"在这一宴会上，一般是由退休官员来担任主持人，贤者为宾，其次为介，再次为众人。在仪式上，尊卑长幼的顺序是非常重要的。对于乡间的士绅来说，能够在乡饮酒礼上被尊为乡饮宾，不但是个人的荣耀，而且是家族的光荣。所以，在编纂族谱时，族人会把本族祖先参加乡饮酒礼的情况加以记录。如果有人在乡饮酒礼上担任了乡饮宾，修纂人就会在他的名下注明乡饮宾。例如，在《定阳张氏族谱》中，张煐、张企栻等人被记录为乡饮大宾。

书写体例

在书写体例方面，谱例也进行了许多规定。正因为有了这些规定，族谱的编纂才能得以顺利进行。

在明清时期的族谱中，凡例是续谱必备的规范。在宣统版《黄县太原王氏族谱》中，包含两处凡例。一处是乾隆年间修谱时所拟定的凡例，另一处为宣统年间修谱时所设立的凡例。下面，笔者分别予以分析。

乾隆版凡例

本次修谱共设立凡例8条。首先，明确了排列方式、书写体例等内容。（1）族谱首重支派。在记载时依大宗小宗来排列，不考虑年岁；（2）在记载人名时，始祖以下，皆直书名字；（3）在具体记载某一人时，先书写其父于上面，记载其妻为某氏，下面写明该人的儿子有几个。这种写法一目了然，让人一次看清祖父、父亲、儿子三代；（4）关于在族内认养继子，既要在继子生父名下注明出继何人，又要在继父名下写明继子为何人之后。例如王百贤收养王百衡次子为后嗣，改名为敷伦。在谱中，百贤、百衡两处都有记录。

司马祖茔
位于陕西省韩城市嵬东乡高门塬。高门塬是司马迁的出生地。韩城目前还留存有司马迁墓和司马迁祠

其次，族谱还确立了下面几个体例。（1）关于收养外姓义子，原来修谱时不列入族谱，结果出现了义子冒认正宗的情况。所以在此次修谱时，在义父名下注明义子某某，以备以后查考；（2）族人的孝行节义、科名宦绩等事迹，予以据实记载；（3）关于先代祖先的坟墓，在人名之下记载葬在某处某山，方向如何，以备后人祭祀；（4）为了方便后世子孙取名、确立尊卑之序，免得与祖先同名同辈，特地确立"克大敷基厚，常绵积庆深"10个字为字辈。

宣统版凡例

本次修谱共确立11条凡例。首先，在支系排列方式、书写格式、继子入谱等方面，继承旧谱的体例。其次，族人还确立了如下几个体例。（1）对于配偶记述方法进行了完善，原配书配，继配和继妾书某氏，不云配；（2）在上次续谱时，义子不能入谱。在此次续谱时，义子予以低一格书写。如果义子无后而收养本族族人为继子者，则将继子按正常支派予以记录；（3）关于族人迁入外地者，旧谱一律予以记载。在本次续谱时，首先予以查访。如果查访确实，则予以记录。如果未能查明，则不予记录，等到下次续谱时，再行查找。

再次，族人确立了事迹查证、坟茔记述和刻版保存等事宜。（1）对于族人孝行节义、科名宦绩等突出事迹予以查考，查证确实者予以立传。如果未能查明，则留待下次续谱时再行查证；（2）关于祖坟，只记载始祖和二世祖以及族内公地和义地，以后历代一般不予记载。如果该名祖先的直系后代能够捐资襄助族谱的续修，则将该名祖先的坟茔情况予以记载；（3）以前续谱时，关于十三世以上的情况都已经用枣木、梨木等制版，并进行了珍藏。十四世以后另行刻版，予以珍藏，以备后世刻版时使用；（4）旧谱所列"克大敷基厚，常绵积庆深，字传燕翼盛，木永自成林"尚嫌不足，本次续谱新增"和平延世德，福佑受天恩"10字为字辈，希望子孙绵延不绝。

在改革开放之后，族谱的续修又在中国大陆兴盛起来。在这些族谱中，有的也有谱例。与明清时期的族谱相比，这些谱例在女性上谱方面有所变通，但在某些地方嫁出门的女儿不上谱，娶入家门的媳妇可以上谱。

小知识◎监生

监生即是国子监的学生。早在隋代，官方已经把国家的最高学府称为国子监。祭酒类似于今天的大学校长，是国子监的最高长官。到了明清时期，国子监仍然是国家的最高学府。在当时，监生的来源大概有以下几类：举监、贡监、捐监、荫监等。其中，举监指的是由举人做监生，贡监指的是由秀才做监生，捐监指的是捐钱给国家成为监生的人，荫监指的是靠着祖辈的官职而成为监生的人。在族谱编纂中，编纂者会在获得监生资格的族人名下注明他获得的是哪种监生。

◎霜露

"霜露"一词出自《礼记·祭义》。原话是："霜露既降，君子履之，必有凄怆之心，非其寒之谓也。"意思是说，到了深秋，霜降就会出现。打开房门，走到户外，看到地上的霜降，君子就会感到内心悲凉。这种悲凉不是因为寒冷，而是因为感念去世的祖先。古人讲究天人合一，认为人的行为应该效法自然界的阴阳变化。面对深秋时节的萧瑟景象，古人认为应该祭祀祖先。在乾隆版《黄县太原王氏族谱》中的凡例中，作者就运用了这一典故。从"霜露"一词出发，后人又创造了"霜露之感""霜露之思"等，意思都是强调对去世祖先的思念。

4. 谱论

谱论专收先贤的谱说、谱论、谱议的篇章和古代经典中的有关论述，对修谱的作用、功能、意义、历史、原理和方法等加以发表和阐述。在历史上，有不少皇帝也很关注续修族谱。例如，清代的顺治皇帝指出续谱的目的在于强化孝悌思想，妥善处理长幼、尊卑之间的关系，加强家族内部的联系，教训青年人不要胡作非为，让他们明白礼节，改良社会风气。

续谱意义

对于族谱修纂的意义，历代学者都做了很多论述。在两汉时期，司马迁已经指出了谱牒的价值。到了宋代，人们对于族谱的价值，做了更多说明。

关于修谱的意义，司马迁指出，谱牒记录的是家史，而国史则是国家的家谱。不修谱，则昭穆混乱、渊源混沌。如果人们不知道自己的祖先是谁，那和禽兽有什么分别呢？张载指出，要安定人心、移风易俗,就必须明确谱系,并确立宗子法。如果宗法不立,那么人们就会不知道自己来自何处、祖先是谁。程颐认为要安定天下的人心,改良社会风气,使人人都有向善之心,需要弄清昭穆,确立宗子法。族谱不可不修。

在谈到续谱的意义时,苏洵指出,在人生修行方面,最好的是修养道德,其次是建立功勋,再次是确立可以流传后世的学说。续修谱牒,也是确立可以流传后世的文字啊。如果一个家族三世不修谱,就和道德低下的小人没有区别了。如果三代不修谱,就是不孝。如果能够世世修谱,就不会有支派紊乱的情况发生了。朱熹认为谱牒可以强化血脉亲情之间的联系,改良社会风气。胡宏认为续谱可以序昭穆,联系亲疏。即使过了百世,人们也知道今天的万殊来源于同一祖宗。如果没有谱牒,亲人之间有喜事不互相祝贺,有丧事不去吊唁,至亲之人见面如路人。这种情况实在是可悲啊。

清代学者章学诚指出,历史有很多种,有天下之史,有一国之史,有一人之史。年谱就是一人之史;家乘谱牒,则是一家之史;而部府州县所作的地方志,就是一国之史了。如果总体记述一个朝代,就是记载天下的历史了。到了近代,孙中山、毛泽东、周恩来等政治人物都对族谱的作用进行了肯定。

续谱方法

关于续谱的方法,黄庭坚提出,世间的家族,都要靠族谱来载明宗支的来历和传承。随着世系繁衍,子孙越来越多,如果不续谱,就不能相互接洽,也无法辨明昭穆。所以,修谱时,务必要清楚明白,载明某祖来自何处,某祖迁徙至何处。要做到来龙去脉清楚明白、互

湖南韶山毛氏宗祠

毛氏宗祠系韶山毛姓总祠，也是韶山农民夜校的旧址，始建于清乾隆六年（1741年），建筑面积有600多平方米。1993年对外开放。它已成为人们寻觅毛氏家史的主要景点。

相印证，方才算是族谱。欧阳修说，如果一个家族有谱牒，那么人人都知道自己的祖先是谁，就会尊奉祖宗。如果能够尊奉祖宗，就会爱惜自己的身体。如果爱惜自己的身体，就会修身慎行，不会肆意妄为。所以，续谱必先从昭姓氏、叙昭穆、明亲疏、辨异同入手。在续谱方法上，欧黄谱法可以算是谱论中的经典了。

总之，在族谱编纂中，首先要说明族谱续修的意义，介绍本次族谱编纂的宏观情况，确定族谱编纂的体例。这些基础工作的完成，既能保证续修族谱能够得以顺利进行，又能让人看懂族谱。

四 追根溯源辨昭穆

《礼记·中庸》中说：宗庙的礼仪，就是要弄清楚昭穆。《礼记·祭统》也说：祭祀要讲究昭穆。所谓昭穆，就是要区别父子、远近、长幼和亲疏的顺序，而不至于发生混乱。在族谱中，上述思想就表现为梳理家族来源。

这是族谱的最重要的组成部分，主要介绍本族的来源，包括姓氏源流、世系考、世系表等部分。这是族谱的尊族、敬宗、收族三大功能得以落实的保证。

1. 姓氏源流

姓氏源流记述的是本族的来源、历史渊源、始祖、世派、迁徙、各支派之间的关系。这是宏观介绍本族的来龙去脉，具有一定的史料价值。但是，由于对始迁祖之前的家族情况的考证，习惯上往往会追溯到黄帝，并且会千方百计和历史名人攀上关系。这样做虽说影响了家史的真实性，但是也说明了后人对于中华民族始祖黄帝的尊崇。

在《合阳刘氏族谱》中，刘上位和刘永济分别考辨了本族的姓氏源流。刘上位提出：族以言合，氏以言分。不合无以敦一本之谊，不分无以别亲疏。他说：孔文公、孔章公是同母兄弟，孔文公为兄长，孔章公为弟弟。孔文公二传生了禄公兄弟。孔章公二传生了荣、华二公。荣公生了子政、子章两个兄弟，他们的后代居住在田头这个地方。华公生了子财、子端二公，他们的子孙中，一支留在本地，一支迁到了衡。贵禄公的孙子为应祖、应宗二公。应祖公迁居邵阳，应宗公生了壬八一郎、壬八二郎两个儿子。其中，壬八一郎迁居马江，到了八世孙德铨又迁到了桂阳。壬八二郎的子孙世世代代都留在当地居住。

刘永济说：我刘氏族人的祖先原来居住在豫章的太和，后来迁到了祁。到了贵禄公的孙子应祖、应宗二公，贵荣公的孙子应福、应禄、应通三公，贵华公的孙子应聪、应潮、应荣、应和、应德、应瑞六公，一支迁于邵阳，一支迁于衡，一支留在故土。所以，邵阳、衡、祁三地是同一祖先的后代。

小知识◎刘累

刘累是尧的后裔。在他出生时，手上有"刘累"的纹样，家里人就把他称为刘累。当时的国君名叫孔甲。大约公元前1879年，据说有一雌一雄两条龙出现在今天的河南省临颍县。孔甲知道刘累曾经学习豢养龙的本领，就派他去养龙。一开始，刘累养龙很成功，被国君封为"御龙氏"。有一天，雌龙突然死了。刘累害怕国君惩罚，就把龙肉做成美食，送给国君吃。孔甲感觉很好吃，就向刘累追索。刘累害怕死龙的事情败露，就迁到今天的河南省鲁山县隐居，并改名为丘公。孔甲知道后，并未对刘累进行惩罚。不久后，刘累恢复了原名。他的子孙也以刘为姓。

2. 世系考

世系考详细记载了族中所有成员，从第一世到修谱时的最后一代的姓名、字、号、生卒年月日、行次和子女等，记载本族成员的简况、名、讳、排行、字、号、生卒年月日和寿数等。有的也记载本族支系的历史渊源和迁徙情况。这部分是整个族谱中最重要的、篇幅最大的部分。

始迁祖之后的世系

以桃源文氏为例，文价臣就在《光绪谱序》中对桃源文氏的来龙去脉做了考证。桃源文氏的始祖是必达公，从江西迁到了湖南桃源的马鞍坡。他生了四个儿子，长子为大本公，次子为大用公，三子为大政公，四子为大任公。其中，大本公、大用公和大政公住在牧塘坪，大任公迁至大安村。长子大本公的独子成为长房，后世仍为长房，又叫南大房。大用公生了三个儿子，长子为汉公，次子为湘公，三子为洪公。汉公和湘公的情况及后代均不可考。洪公生了两个儿子，长子为贵公，次子为储公。贵公即是今天东分的始祖，而储公则是今天西分的始祖。因此，二房自第四代起分为两房。

大政公生了两个儿子，长子为淳公，次子为澍公。淳公的后裔被叫作中分，而澍公的后裔被叫作官分。于是，三房也从第四代分为两房。在同治年间续谱时，考虑到族大支繁，担忧没有统纪，所以桃源文氏就从四世祖开始分为东、南、西、北、中五大房。其中，南大房为长房，其余依次为东二房、西三房、中四房和北五房。至此，桃源文氏五大支的来历都考辨清楚了。

在《黄县太原王氏族谱》中，王文龙追溯了从五世孙王祯到王廷豸，再到王文龙的支派流衍。在《定阳张氏族谱》中，始迁祖张颐从陇西迁到山西介休西关。他的儿子张进禄迁居城中，生了张奇士和张奇秀。张奇士生了张龙渊、张龙瀛、张龙洲三个儿子，张奇秀生了张龙深。此后，张氏家族逐渐发展为当地的望族。《定阳张氏族谱》收录了从始迁祖到十一世孙的族人。

总之，对于始迁祖之后的世系传承，族谱大都会在谱序中进行详细的考辨，也会在世系表中进行详细记录。

追溯到黄帝的世系考辨

在光绪癸卯年（1903年），李魁元、李同镜编纂了衍庆堂《李氏宗谱》，其中追溯了李氏的世系。黄帝的第五个儿子名叫清阳，娶了皇娥。夫妻两个居住在河边，皇娥看见了天上的流星而怀孕，后来生下了一个儿子，起名少昊。少昊娶了女修为妻，生下了大业。大业生下了皋陶。在尧治理天下的时候，皋陶被任命为管理刑狱的大理。传说他有一个名叫獬豸的灵兽，能够辨别忠奸。在判案时，獬豸会用角去触有罪的人。后世的人把它尊为司法鼻祖和狱神。其后，皋陶的后裔连续几代做大理。到了商纣王统治天下的时候，理征担任大理，因为直谏被杀。他的儿子利贞在逃难时，以李树上的果实来充饥，所以，他就改"理"为"李"。742年，唐玄宗追封皋陶为"德明皇帝"。

　　如果其他姓氏一路向上追溯，也一定可以追溯到黄帝。例如张氏会从受姓始祖挥公追溯到黄帝。如果是王氏，就要从太子晋再向上追溯。据说刘累是历史记载中第一个姓刘的人。所以，刘氏家族会从刘累上溯到黄帝。其他家族往往也会进行类似的追溯。这一追溯体现了后人对黄帝的尊崇。

3. 世系表

世系表用图表形式反映家族内部的世代、传承等关系。有的地方会把世系表画在神轴上，逢年过节时，隆重地进行祭祀。山东高密的李氏家族，还保有这样的习惯。

从黄帝到始迁祖

在族谱修纂时，有些家族会把从黄帝到本族始迁祖的世系加以追溯。例如，前述衍庆堂《李氏宗谱》就罗列了从一世祖利贞到65代祖李道的世系。由于唐代之前的族谱大都已经散失，所以，这种追溯往往无法证实。

始迁祖之后的世系表

在《黄县太原王氏族谱》中，从卷三到卷七都是世系表。这5卷记录了王氏始祖到二十二世孙的传承情况。从谱中可以看出，王氏始祖来自今天的河北沧州。之后王氏兄弟两人一同来到黄县。很快，老大回到了沧州，老二就留在了黄县。由于时代久远，王氏始祖的名讳已经无法查考。王氏二世祖名叫王敬礼。王敬礼生了两个儿子，长子名叫王胜，次子名叫王通。相传王通去了京城，黄县没有他的后裔。王胜和王通就是王氏族人的三世祖了。王胜生了四个儿子，老大起名叫作王友，老二起名叫作王信，老三起名叫作王忠，老四起名叫作王诚。黄县王氏的友、信、忠、诚四大支自此而来。其中，王友一支为长支，王信、王忠、王诚依次为二支、三支、四支。黄县王氏从此开始枝繁叶茂，子孙繁盛。在记录王氏子孙时，不管他的富贵贫贱、社会地位如何，族谱都一视同仁，予以入谱。

在世系表中，不但有王氏族人的姓名，而且记录了王氏媳妇的姓氏。例如，二世祖王敬礼的李氏、张氏、郑氏都记录在案。对于王氏始祖，族谱还在世系表中记录了他的坟墓所在。对于王氏族人的忠孝节义等嘉言懿行，世系表中也分别作传予以表彰。例如，王友的夫人姜氏在其夫去世后，年方二十，立志守节，抚养王祯、王裕两个儿子，让他们都能够长大成人。王氏族人特别作传予以表彰。

总而言之，世系表记录了家族的世系传承，是族谱尊族敬宗、亲睦族人功能的重要体现。在族谱编纂中，这一部分往往是重中之重。

4. 字辈

字辈起源于宋朝，是专门登载族内姓名排行的字语。字辈一般选择具有美好寓意的文字，在排列时有的是四言、五言或七言，句子可长可短。字辈长则五六十字，短则十多字。据说宋太祖赵匡胤曾经给赵家立了14个"范字"——"匡德惟从，世令子伯，师希与孟，由宜"，共14个字。在族谱中，"字派""班次""班辈""班行"等都是字辈的同义词。记载字辈，主要是给族人取名使用，目的是"顾名思义"，了解尊卑和亲疏。

宋太祖赵匡胤
宋太祖赵匡胤（927～976年），河北涿州人。960年，他领兵出征，在陈桥发动兵变，黄袍加身，建立宋朝，定都开封

孔、颜、曾、孟通用字辈

明代以前，孔子后裔取名并无严格讲究。从第45代起，孔氏在取名时往往遵循如下原则，即同辈人多采用同一

偏旁或同一字。明朝初年,明太祖朱元璋赐给孔家10个字,作为字辈使用。此后,自第56代起,孔氏族人不许随意取名,必须按照字辈来进行。此后,明朝崇祯年间和清朝同治年间皇帝又先后赐给孔家20个字作为字辈。1919年,76代衍圣公孔令贻报请中华民国内务部备案,续立20个字作为孔门字辈。至此,孔门字辈总计50个字,依次为"希言公彦承,弘(宏)闻贞尚胤(衍),兴毓传继广,昭宪庆繁祥,令德维垂佑,钦绍念显扬,建道敦安定,懋修肇彝常,裕文焕景瑞,永锡世绪昌"。这些字辈可以供孔氏家族从第56代到第105代子孙使用。在古代,孔子后裔可以享受封赐食邑、绢帛,免除徭役等优待措施,

孔德成

孔德成(1920～2008年),字玉汝,号达生,孔子第77代嫡长孙,也是最后一位衍圣公和大成至圣先师奉祀官,曾任台湾大学教授等职。这是他在中国文化公园的留影

颜子
颜子，即颜回（前521～前481年），字子渊，春秋末期鲁国人，孔子的著名弟子之一。他极有天分，安贫乐道，又非常好学。孔子对他赞誉有加

所以非孔子后裔的孔氏则不能使用这些字辈。在历史上，孔子、颜子、曾子、孟子号称"四大圣贤"，所以孔、颜、曾、孟四家的字辈是一样的。

岳飞后裔字辈

乾隆皇帝赐给岳飞后裔32个字作为字辈，即"重开奇秀，永佐朝邦，崇修喜彩，宗耀（跃）远光，英贤辅弼，金玉其相，武穆家风，山高水长"。从第22代起，岳飞后裔即启用此字辈至今。目前，淮阴岳氏用的就是这个字辈。本书作者即为岳飞之子岳霖三子岳珂的后裔，为岳飞第29代孙。

合阳刘氏字辈

为了阐述确定班辈的必要性，合阳刘氏在族谱中专列了班行序，

阐明了班辈使用原则，即以往的名字遵循习俗，不再改动；新生儿童取名必须按班辈，方便确定尊卑，希望可以实现"孝友之行成于家"的目的。在班行序之中，刘氏族谱记录了祁文房原派、祁章房原派、祁衡续派和祁衡再续派的班辈。其中，祁衡再续派的班辈为"中孚观大有，谦巽晋恒升，丰豫咸师益，同人复泰临"。这些字辈都来自《周易》的卦名，很有意思。

总之，族谱中的字辈是为了给子孙后代取名，使族人之间可以从名字上看出长幼尊卑。

本章所描述的内容往往是族谱编纂的重中之重。正是通过追溯姓氏源流，考察世系传承，确立字辈顺序，族谱的序昭穆、明孝悌才能得到落实。而族谱的序昭穆、明孝悌，就是要在社会上推行修齐治平的政治理想。

五 族产宗范聚人心

对于何为孝顺，孔子说：父母健在时，要按照礼仪的要求侍奉他们；父母死后，要按照礼仪的要求安葬和祭祀他们。孟子认为普通百姓有恒产才能有恒心，天下才会太平。于是，他提出，有道明君应该让百姓有饭吃，能够赡养父母，照顾妻儿。百姓衣食无忧，才会安居乐业，天下才会太平。这一思想在后世家族自治中体现为睦族。

族产、祠堂、坟茔、家训族规等是

族谱睦族功能的主要载体。本章主要介绍它们在族谱中的体现，说明背后的忠孝一体、修齐治平、家国同构等儒学思想。在中国古代，政府的管理机构只设置到县级，而乡村自治则由家族自治。族产宗范的设置为乡村自治提供了纲领指导。在传统社会，祠堂、族谱和祭田是维持家族制度的三大支柱。

1. 宗祠

祠堂是族人祭祀祖先、处理族内重要事务的场所。在《礼记》一书中，先哲指出君子建立房屋，要先立宗庙，再立马厩和库房，最后才修建家人的住所。

宗祠的出现

宗祠出现之前，中国已经有了宗庙、石室、家庙等建筑。这些建筑的建造，都是为了表达对祖先的尊重，也是希望子孙后世能够铭记祖先的恩德。

皇家的宗庙

殷商时期，同姓者有共同的"宗庙"，同宗之人有共同的"祖庙"，而同族之人则会有共同的"祢庙"。在宗庙内，人们还会给已死的国君树立神主。祖庙是进行祭祀的地方，当时的宗庙意味着国家社稷，所以祭祖活动具有宣示政治合法性的意义。君王派兵征讨、获得斩获，

邹城孟庙棂星门
棂星即古代天文学上之"文星"。用棂星来命名,表示天下文人学士集学于此。古代的宫室、祭祀建筑(如天坛)、坛庙和陵寝建筑往往都设有棂星门

都要举行告庙仪式。在当时,只有公卿、大夫才能建立宗庙。据《礼记》记载,宗庙的规格如下:天子七庙,诸侯五庙,大夫三庙,庶人在自己居住的地方祭祀祖先。在天子和诸侯建立的宗庙内,还有昭穆制度的安排,以便能够对血缘最近的祖先进行祭祀。宗庙的祭祀,不只包括祖先祭祀,还有四时之祭和每月初一举行的"月祭"。

　　宗庙的存在,意味着国家政权的存续,具有政治意义。古代的帝王很重视宗庙的营建。朝代更替之后,前朝历代国君往往就无人祭祀了。在周朝,周天子命令手下人在周人宗庙的边上建立了"亡国之社"。这既是祭祀殷人祖先的地方,又是对周朝国君的无声告诫。到了后世,

历朝历代都重视皇室宗庙的建设。现在,天安门边上的北京市劳动人民文化宫就是明清两代的宗庙。

汉代的石室

祠堂最早出现于汉代。当时的祠堂一般建在墓地里面,叫作墓祠。汉代的祠堂大多用石头建在坟墓边上,所以人们又把它称为"石室"。在石室内,工匠们还会画上精美的壁画。东汉初年,郭氏子孙在今天的山东省长清区孝堂山为孝子郭巨建设了石室。在石室内的墙壁上,人们可以看见精美的图画。图画的内容很多,包括神话传说、历史故事、征战、狩猎等。说起郭巨,就不得不提起二十四孝中"郭巨埋儿"的故事。

郭巨是东汉人,他有两个兄弟。他的父亲去世后,兄弟三人一起

辛店文化陶罐
该陶罐是辛店文化(约公元前 1000 年)的代表陶器,1956 年出土于甘肃临洮。国家博物馆藏

办理了丧事。丧事办完之后，两个弟弟要求分割父亲留下的两千万铜钱。郭巨把钱都分给了两个弟弟，自己和媳妇一起奉养老母。不久之后，他的夫人生下了一个大胖小子。由于分家，郭巨家里生活比较艰难。为了更好地奉养老母亲，夫妻两个人忍痛带着儿子来到野外，准备把他埋掉。正当他怀着悲痛的心情挖坑时，忽然，他的铁锹碰到了一个罐子。夫妻两个打开盖子一看，里面是满满的一罐金子，还有一张纸条。纸条上面写着"孝子郭巨，送你黄金一罐"。夫妻两个人带着儿子捧起罐子，高高兴兴地回到了家。从此，他们一家人过起了幸福快乐的日子。后来，郭巨也被列为二十四孝之一。

为了奉养老母，郭巨力图埋掉亲生儿子，实在是刚愎自用、迂腐固执、缺乏爱心、不合时宜。我们不可泥古，应该学习他孝顺父母的精神，但要坚决反对他的荒唐做法。尽管二十四孝的故事很荒谬，可是孝顺父母的精神值得我们继承。

祠堂的风行

魏晋之后，虽然官方多次提倡，可是民间并未形成大修祠堂的风气。到了宋代，为了纪念范仲淹的勤政爱民、和睦族群，人们给他建立了纪念性的祠堂。在江西抚州，官员们也为王安石建立了祠堂。随着宋初儒学的复兴，民间逐渐兴起了修建家族祠堂的风气。

按照儒学家的说法，祠堂体现了子孙的"报本反始、尊祖敬宗"的深意，不但可以祭祀祖宗，而且可以教育子孙。在当时，人们往往在正寝的左边建设祭祀高祖、曾祖、祖父、父亲四世神主的祠堂。朱熹说："家之有庙，族之有谱。"并亲自设计了一个对后世影响很大的宗子法方案。据说此时开始出现宗祠。在《家礼》一书中，朱熹提出，建设房屋之前，要在正屋东边建立祠堂。如果家里发生火灾，应该先救祠堂。为了维护祠堂的运转，朱熹提出要设立祭田，利用祭田的收入来维持祠堂中的祭祖等家族活动。

到了1536年，礼部尚书夏言奏请皇上批准百姓修建家庙、祠堂或者宗祠。后来，人们不再把祠堂建在住所的左面，而是另外建立独立的家庙。朱熹关于设立祭田的主张，在此时得到了大力提倡和落实。此后，皇家、王侯修建的宗庙称为家庙，民间修建的宗庙称为宗祠。民间修祠之风至此大兴。在经济比较发达的地方，例如晋商、徽商、闽商等祖籍地，更是祠堂建筑风行的地方。例如，定阳张氏在商业上也有不少成就，他们的宗祠是由张清谟在介休县猪市巷老宅里面建设的。此外，由于孝顺父母、急公好义，张呈绣被当地人奉在孝义祠中进行奉祀。今天所见的宗祠，大都是明清两代修建的。需要指出的是，孔庙虽然属于民间宗祠，却受到官方的推崇，也是中国传统文化的重要象征。

牌坊

与宗祠相关的，还有有些家族建立的牌坊。例如，朝廷就为介休定阳人张呈绣的继室任氏建立了节孝坊。牌坊基本上包括功德牌坊和道德牌坊两类。前者是为了表彰家族的仕宦业绩。例如，在山东省桓台县新城镇就矗立着一座雕刻精美、历经沧桑的四世宫保牌坊。这是为了表彰当时担任兵部尚书的新城人王象乾忠心事君、保家卫国的功绩而建立的。由于王象乾的宦绩，他的父亲、祖父和曾祖父都被追封为"光禄大夫柱国太子太保兵部尚书"，所以这座牌坊被称为"四世宫保坊"。

道德牌坊往往是为了表彰夫死守节的妇女。在山东省单县，就保存着朱家牌坊和张家牌坊。前者是为了表彰朱叔琪的妾孔氏。朱家的祖上做过高官，到了朱叔琪这一代，还娶了孔夫子的后代为妾。不料，

四世宫保坊
位于山东省桓台县新城镇,是国内唯一的砖坊。由于王象乾的宦绩,他的父亲、祖父和曾祖父都被追封为"光禄大夫柱国太子太保兵部尚书",所以这座牌坊被称为"四世宫保坊"。"四世宫保"四个大字是由明代书法家董其昌题写的。据说,王家为此先后花费了 2000 两白银。

朱叔琪早早地去世了。孔氏没有再嫁,而是守寡度过一生。此事传到乾隆皇帝的耳朵里以后,他被孔氏的义举所感动,就下令朱氏家族建立牌坊予以旌表。在当地,朱家牌坊又叫"百寿坊"。

说完朱家牌坊,不能不提一提单县的另一座牌坊——张家牌坊。为了表彰张蒲的夫人朱氏守节的举动,张氏家族也打算建立牌坊。朱家牌坊建好以后,张家一心想把朱家牌坊比下去。于是,他们就花费重金,聘请工匠精雕细刻,建立了一座更加精美的牌坊。牌坊建好之后，张家人很高兴，不想工匠的一句话却让他们很生气。工匠说："如果有人再多给我们一些钱，我们可以雕刻得更加精美。"歹毒的张家人担心新修的牌坊超过他们家的，就下毒谋杀了工匠。在当地，张家牌坊又叫"百狮坊"。

牌坊由棂星门演化而来，属于祠堂的附属建筑物，目的是昭示族人的高尚美德和丰功伟绩。总体来看，牌坊是特定时代的产物。贞节牌坊的设立，虽然有利于维护社会秩序，却造成了对女性生理和心理的双重压迫和摧残。今天，我们应该对此有明确的认识。作为见证历史的文物，牌坊应该受到严格保护。

宗祠的功能

宗祠的功能不只局限于供奉祖先牌位、祭祀祖先和发放祭品，还包括道德宣讲与惩戒、办理红白喜事和启蒙教育等职责。

首先，祭祀祖先是宗祠的首要职能。在宗祠内部，除了祭祀始祖、始迁祖之外，还会祭祀为家族发展做过重要贡献的族人。例如，孔子后裔把孔仁玉尊称为"中兴祖"，予以隆重祭祀。合族祭祀过后，族长还会带人在宗祠内按人头发放剩余的祭品。

其次，宗祠还是执行家法族规的地方。对待违犯家法族规的人，族长会命人将其带至宗祠，当众予以惩处。对待族人之间发生的兄弟阋墙、婆媳不和等有违儒家道德要求的事情，族长也会在宗祠内部与族内德高望重的老人一起进行调解。

再次，由于宗祠内部地方宽敞，所以很多家族会选择在此办理红白喜事。在中国，办理红白喜事，邻里乡亲会前来协助，亲朋好友也会登门拜访。地方宽敞的祠堂正好可以用来招待他们。

朱家祠堂
位于山东省章丘市,由朱士杰、朱秉忠和朱秉刚等人主持,创建于清光绪八年(1882年),复修于民国26年(1937年)。在过去,朱家人会在每月的初一聚集在祠堂里祭祖

山西榆次常家庄园的双斗旗杆

旗杆雕刻精细，高约 11 米，由石础、柱干、抱柱石、插杆石和斗五部分构成。在古代，只有家族中有人中了进士，才能立起这样的旗杆

最后，古人有耕读传家的说法。在古人的心目中，"万般皆下品，唯有读书高"。所以，古人很重视儿童教育。因此，很多宗祠都附设学校，由家族聘请私塾先生，对儿童进行启蒙教育。如果族内有人考取举人、状元等功名，他还会在祠堂门口立一对旗杆石，每块石头的顶端都有小孔，可以放置固定旗杆的木杆。立旗杆的目的是光宗耀祖、流芳百世。

宗祠的运转

为了实现宗祠的正常运转，古人设置了祭田。利用祭田的收入，充作祠堂的费用。由于宗祠具有上述重要功能，所以在续修族谱时，人们往往会专设一章，记录本族的宗祠的相关情况，包括建筑规模、地理位置、收录有关祠堂的碑文、诗文、祠联、祠匾、祠堂图和建祠捐资人名，记录祠堂内供位的世次、配享、附享和祭祀情况。

合阳刘氏对于祠堂的管理提出了具体规定。祭田的租谷、房屋的租金等祠堂的收益，由各房轮流推举公正之人来管理。管理人不得徇私，不得奢侈。收支要有单据，要另立底账，前后交接时要账目清楚。祠堂的兴建、造作、维修等事务需要领钱者，必须经族长和各房房长共同商议。对侵吞、浪费祠堂财物的管理人，要予以严惩。

为了管理好宗祠，山西平定石氏专门订立了《宗祠规条》，对管理人员的职责、宗祠祭器家具和新

账本
山西平遥中国商会博物馆藏。为了管理好族产，在古代，很多家族都设置了记录资金往来的账本

生儿的登记等事务做了简要规定。宜兴卢氏订立了《宗祠诫约》，对违反孝道、缺席祭祀、侵吞祠产、偷盗做匪者，妇女幼子代祭等事宜做了规定，并提出了具体的处罚措施。例如，对子孙忤逆父母者，要予以重责，并且永久不许入祠；对媳妇不敬公婆者，要处罚夫妻二人；对于沦为土匪的族人，也要驱逐出祠，永不入祠。岭南冼氏也确立了《祠规》，明确了各房的四大责任：第一，保护宗祠、祖墓、族产；第二，扶持伦纪；第三，抑制强权；第四，赈济灾荒。

需要指出的是，对热心家族公益、当选议员、学成毕业获得学位等光宗耀祖者，冼氏家族都给予奖励。例如，获得京师大学堂学位者，比照进士待遇，发放银元六枚。凡是获得证书、委任状者，都要照录一份，存入宗祠。

小知识◎节

在中国文化中，"节"是一个多义词，既可以指节气时令，又可以指礼节、气节、节操、贞节等。在儒学中，节，主要是指礼节、气节等。气节，指的是一个人在面对外部困难时坚持志向、不为所动的志气和节操。例如，孟子口中"富贵不能淫，贫贱不能移，威武不能屈"的大丈夫就是保持气节的典范。到了宋明时期，儒学提倡"一臣不事二主，一女不嫁二夫"。在此之后，历朝历代都出现了一些注重气节、为国捐躯的死难之士，各地也出现了很多守节的妇女。

2. 坟茔

古人认为，已经过世的祖先可以庇佑后人，因此要慎择葬地。让死去的祖先入土为安，也是子孙孝悌的表现。此外，古人非常注重对祖坟的保护。在族谱编纂中，坟茔一般包括墓地图、坟向、祖坟及各支派墓地分布等内容。

程颐的葬说

宋代儒学家程颐指出，为过世的亲人选择葬地，要选择土色光泽、草木茂盛的地方。此外，选择葬地时，还要注意以后不会变成道路、不会修建城郭、不会变成池塘、不会被权贵所夺和不会被犁头犁破等五个方面。在下葬时，要用松脂涂抹棺木，再用石灰封好墓门。如果不得已必须火葬，不必强求，也视同土葬。如果是家族墓地，在选择墓穴时，要按照尊者居中，左昭右穆的次序相对来选择。在这一思想的影响下，古人非常重视坟茔。在族谱中，一般都会记载有关家族坟茔的情况。

风水师勘察地形
在选择宅基地或者墓地时,古人很重视风水先生的意见。该塑像描绘的是永乐七年(1409年)五月八日,江西术士廖均卿随驾为营建长陵卜吉天寿山的情形

坟茔既是尊族敬宗的需要,又是本族的共有祖产。为了避免与人发生争执,在续修族谱时,人们往往会把家族坟茔的相关内容记录在案。例如,吴县钱氏宗谱规定要把祖宗坟茔葬地详细记入族谱,目的是作为以后与外姓发生争执时的证据。家族坟茔是祖先入土为安的地方,也是祭祀祖先的重要场所。为了供给祭祀所需物品,家族往往会设置义田等族产。

黄县王氏的坟茔

在宣统版《黄县太原王氏族谱》中,王氏族人在卷二中详细记录了族内重要坟茔的情况。例如,始祖墓不但画出了坟图,而且画出了茔房图。在坟图上，坟墓、石桌、香炉、树木和界石等都清晰可见。在茔房图上，人们还写清了茔房的面积。对某处坟茔的地理位置、面积、朝向和界石等都做了详细记录。有些坟茔的用地来自族人的捐献，这些情况也在族谱中进行了记载。万一和外姓发生争执，这些坟图都可以作为维护权益的证据。

茔碑的建修

黄县王氏始祖的坟茔在城西南枣儿市的西南崖，人迹罕至，不用增修。但是，石簸箕西自二世祖敬礼公墓到六世祖的坟墓都在逼近城市之处，行人往来不绝，对坟墓践踏较多。在风雨剥蚀下，以前修筑的土墙很快就倒塌了。若寻久远之计，不如修垣墙、建茔屋，并安排专人看守。因此，在修建垣墙时，以砖石为建筑材料，以图永久。后世子孙如果看见垣墙有残破，希望时时修葺，以便祖宗的坟墓历久不敝，子孙之繁衍长盛不衰。为了记述这一状况，王大葵在嘉庆二十一年（1816年）撰写了《建修茔碑序》。

义冢的设置

宣统元年（1909年），王氏族人还撰写了《义冢记》。在这篇文章中，王氏族人认为建立义冢是公益之大举。王氏族人所建义冢始于七世祖。他睦族恤邻、好施不倦，在石簸箕南购置了三亩多地，作为义冢。在义冢北面有四间茔房。同治年间，族人王基佃因家贫占据茔房作为石灰坊。石灰坊关门后，他又私自将房屋典卖给外姓人家。族人王基鸿、王志澄等人将茔房赎回，并加盖六间房屋，形成二进院落十间茔房。王氏家族将西厢屋一进三间用于出租，所得租金由四大支中选取公正之人经理。除了留存修补枣儿市南北茔房的花费之外，其余租金全部交给钱庄生息,以备将来续谱之用。如果再有人私自典卖,族人都可出面干涉。此次丈量土地,只余两亩多地。因为年代久远,被人侵占了一些土地。与其追索过去,不如慎防将来。

祖坟的保护

为了求得祖先对后世子孙的庇佑,历代家族都反对砍伐荫木,更加反对祖坟、田地被人侵占。例如,浙江上虞章氏家族提出了将犯案人削除谱籍,送官严办。在当时,轻微的犯罪只需调解就可化解,犯有重罪被送官往往就意味着置对方于死地。而合阳刘氏提出,不得砍伐荫木,不得盗葬。子孙要注意维护祖宗的坟墓,不可使其塌陷或受到他人侵占。

在嘉庆四年(1799年)的清明节,新泰刘氏合族为始祖刘复初立碑。在碑上,刘氏族人记述了刘复初的生平、事迹。为了安葬在太平军和清军的战乱中死难的族人,古吴陈氏族人陈宗浩购置了一块墓地,又拟定了《丛墓规条》。该规条对于丧葬费用、棺材的安放、祭祀等事宜都做了规定。例如,由于陈氏家族并无义庄,如果父亲已死母亲未葬者不给予丧葬费用的补助。再如,规定要求,死者家属不得以风水好坏来干涉坟墓位置的选择。

总之,历代祖坟既是合族尊祖敬宗的场所,又是祖宗荫庇后人的地方。在古代,各个家族都非常重视对祖坟的保护。在族谱编纂中,族人往往会设置坟茔这一环节,记录家族坟茔的情况。

3. 族规

在中国古代，家族是社会的基本组成部分。个体与家族之间是"一荣俱荣，一损俱损"的依存关系。个体的行为，不仅涉及到自身的利益，而且关系到家庭、家族的兴衰荣辱。所以，有必要用家法族规来规范家族成员的行为，确保家族的长盛不衰。对此，宋代儒学家程颐强调，做父亲的要从严治家，否则就会乱了长幼尊卑之序和男女内外之别。要从严治家，就必须有家法。

族规又叫家范、家规、家训、家法、宗范等，是由家族的尊长或者成员代表共同制定的，带有劝导和惩戒双重特性，用以约束和教化族人的规则。儒家认为"道之以政，齐之以刑，民免而无耻；道之以德，齐之以礼，有耻且格"，意思是伦理劝诫比惩戒更为合理。家法族规深受儒家这一思想的影响，以道德教化为主，以惩戒为辅。

在历史上，宋太祖就曾提出"尔俸尔禄，民膏民脂，下民易虐，上苍难欺"的圣谕。明太祖提出了"孝顺父母，恭敬长上，和睦乡里，教训子孙，各安生理，无作非为"的圣谕，要求民间加强家族内部的道德教育和自我管理。到了清代，顺治皇帝和康熙皇帝先后颁布圣谕，强化民间家族的道德教育和自我治理。在清代,有些家族在续谱时,首先把圣谕 16 条收入,然后再写本族的家训族规。

家法族规在历史上影响很大,在诗词歌赋中也有反映。例如,在韩愈的《寄崔二十六立之》一诗中,就有"诸男皆秀朗,几能守家规"的诗句。而在清漾毛氏祖宅里,也有"孝友睦姻族规依旧,信义和平宗法常新"的楹联。族规可以规范家族成员的思想、行为,妥善处理家国关系,有利于家族的长盛不衰。从实际效果来看,有家法族规的家族比起没有家法族规的家族在承平时期更容易发展壮大,即使是在乱世也更容易平安度过。

从家训到族规

宋代之前,规范家族成员行为的主要是伦理劝诫性质的家训。例如,诸葛亮撰写的《诫子书》则是三国时期家训的代表,其中的"非淡泊无以明志,非宁静无以致远"成为后世的修身典范。南北朝时期的名儒颜之推撰写的《颜氏家训》对后世影响极大,成为后世家训族规之祖。这一时期的家训主要表现为正面引导和劝诫,缺乏惩罚性的配套措施。

大约从宋代开始,以伦理劝诫为主旨的家训逐渐转变为教化惩治并举的族规,并成为族谱的重要组成部分。

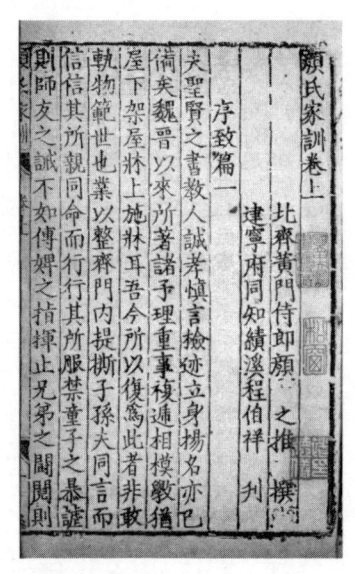

《颜氏家训》

《颜氏家训》是记录颜之推的立身、治家、处世、为学的体会,用以告诫子孙的著作。它开创了后世"家训"的先河,被誉为"古今家训之祖"

江州"义门陈氏"是南北朝时期陈后主弟弟的后裔。此处所说的"义门",指的就是兄弟不分家,世代同居共炊的生活方式。在始迁祖陈旺定居江州之后,陈家世代同居共爨,因而家族规模日渐庞大。到了第6代江州长史陈崇担任家长时,他深感"治家不可不立纲纪",就订立家法35条。这些条文不但规定了家庭管理人员的职责权限和家庭成员的权利义务,而且明确设置了违反家法的处罚措施。这就是流传至今的陈氏《义门家法》,也是目前可见的最古老的中国家法族规。

族规内容面面观

从明清时期的族谱来看,族规的内容往往大同小异,大约包括如下几类:

家庭内部

儒家讲究爱有差等。家庭是个人生活的港湾。所以,儒家提倡要孝敬父母,对兄弟要友爱。在择业修身方面,儒家提倡要选择良好的职业,反对选择衙役、倡优等贱业,反对人们出家为僧为道。在婚姻选择方面,古人喜欢门当户对。古人提倡继绝世,希望无后嗣的人可以收养继子。

孝悌为先 孔子认为孝悌是行仁的根本,推行孝悌是国家治理的首要工作。在族规中,对不孝不悌的行为,家族往往会予以重罚。以临安钱氏为例,在《谱例》中,不仅表明修纂宗谱以孝敬为先,而且明确规定处理家族成员之间的关系时要区分长幼尊卑,做到父慈子孝、夫和妻柔、兄友弟恭。此处所说的区分长幼尊卑,并非片面强调晚辈对长辈的服从,而是基于人格上的平等和权利义务的基本对等。

《王祥剖冰求鲤》
清代画家王素绘。王祥（185～269年）从小就心地善良，对继母朱氏非常孝顺。有一年冬天，冰冻三尺，王祥无法捕到继母爱吃的鲤鱼，就赤身卧在冰上祈祷。忽然冰河开裂，鲤鱼从冰缝中蹦出。王祥喜出望外，将鲤鱼带回家供养继母

对违反这一要求的人，钱氏家族会以"不孝""不悌"论。

在当时，这就往往意味着削谱、出族。对不孝不悌之人，毗陵朱氏会重责至少20板，如果屡教不改，就会逐出祠外。在家族盛行的时代，削谱、出族的处罚意味着个体无法得到家族的支持，在社会中会举步维艰。

择业修身　在古代，虽然有"三百六十行，行行出状元"的说法，但是职业有高低贵贱之分。就职业的排行而言，"士农工商"排在前4位。"士"即读书做官，"农"即耕作，"工"即做工匠，而"商"则是行商坐贾。其中，做官是最优选择，耕作是次优选择。所以，古人有"耕

读传家"的说法。但是，不管从事"士农工商"之中的哪种职业，一个人都要学会做人，要读好书，交益友，戒除赌博、偷盗和酗酒等恶习。为了实现这一目标，很多族谱都做出了规定。例如，合阳刘氏要求族人要孝顺父母、尊敬师长，并提出了不可好勇斗狠，不可卖儿卖女，不可欺凌孤寡，不可宰杀耕牛，不可赌博和酗酒等12条族戒。

在职业选择方面，家族也做出了许多限制。例如上虞雁埠章氏认为"梨园、皂卒"是卑下之甚者，从事这些职业会辱没祖宗、引人耻笑。在当时，戏子涂脂抹粉供别人取笑，而衙役不能按期破案则会挨板子。这都是在作践由父母传给自己的身体，违背了"身体发肤，受之父母，不敢毁伤，孝之始也"的训诫，是大不孝。此外，做盗贼、娼妓、奴仆和胥吏等职业和出家为僧道也是要受到惩治的。有的家族会将这类人予以出族，即剥夺他参与祭祀、享受救助的权利，取消他作为家族成员的合法身份。还有，很多家族反对族人无业游荡，反对交友不当。例如，合阳刘氏要求族人之中天资聪颖的人用心读书，资质一般的人努力耕作；还要求族人不可游荡，要慎交朋友。

族内立继　古人推崇"兴灭国，继绝世"。对族中无后又有财产之人，家族一般会选择应继和爱继两条路来为其确立子嗣。"应继"就是按照当时公认的继承顺序来选择继承人。其程序是由亲及疏，即首先从立继者的亲侄子中选择一人作为继承人。如果没有亲侄儿，就从同一祖父或曾、高祖父的堂兄弟的儿子中来选择。而"爱继"就是立继者撇开顺序的束缚，挑选特别钟爱的子侄作为继承人。如上虞雁埠章氏区分了应继和爱继，并做出了详细的说明，特别反对从异姓中选择继承人，担心异姓会夺取本族的家产。

门当户对　在当时，婚姻讲究门当户对。选择婚姻时，很多家族都非常慎重，并在族规中做了明确的界定。武肃王钱镠在临终时留

高士图

《高士图》，又名《梁伯鸾图》，为五代南唐画院画家卫贤的作品，描绘的是汉代隐士梁鸿和其妻孟光"相敬如宾，举案齐眉"的故事。北京故宫博物院藏

下《遗训》，要求钱氏后人在婚配时要门当户对，不可贪图美色。合阳刘氏反对定娃娃亲，主张既要慎重选择婚配对象，又不能耽搁子女的婚姻大事。而合江李氏也规定族中男女必须选择"家世清白、门户相当"的人作为婚配对象。这些要求是为了防止婚姻给家族带来不幸，努力确保家庭和睦。

族群和谐

古代中国是一个由熟人组成的社会。族人、乡邻之间的守望相助，对个人和家庭的发展都具有保障作用。因为大家往往生活在熟人社会里，所以人们之间是抬头不见低头见。儒学倡导的息讼和调解正是为了在解决矛盾的同时不伤和气。

守望相助 在族规中，不但对家族成员的权利、义务做了详细的规定，而且也对祭田、族学、族谱续修等内容提出了明确的要求。例如，余姚徐氏

比邻而居
湖南岳阳张谷英村的进士第。穿越历史的风雨,村民们仍然按照传统的习惯生活,比邻而居、守望相助

就规定同族者要互相尊重、守望相助,切不可恃强凌弱。在清代,常熟丁氏就对义庄和书田的管理、使用等事宜做了详细的规定。例如毗陵朱氏禁止族人偷盗,一经查实,要重责40板,并逐出祠外。再如,永兴张氏禁止族人窝藏罪犯。对于违反的人,要拆毁房屋,再施以重罚。在合阳刘氏家训中,也有要求族人和睦相处的要求。

调解息讼 孔子说:听讼审理案件,我和别人一样。我希望人间没有争讼。"无讼"是儒家的理想境界,反对健讼。这一思想几乎在各个家族的族规中都有突出的反映。例如，盘古高氏认为，族人有嫌隙，应该禀告族正，公辨是非，不得健讼公庭。而常州毗陵刘氏则在《祠规》中明文规定，族中人等如果擅自向官府提出诉讼，不论是非曲直，一律带至祖宗神位之前，重打10个耳光。中国人一向有"骂人不揭短，打人不打脸"的讲究，打耳光的惩戒意味非常浓。

家国互动

儒家讲究移忠入孝，在家国互动中，对于做官的人来讲，就是要清正廉洁、两袖清风。对普通民众而言，要及时缴纳皇粮国税，以免官差催逼。两者都体现了儒家对家庭和国家关系的妥善处理。

反腐倡廉　《孝经》中说：侍奉父母的孝心可以移作事主爱国的忠心，尊重兄长的诚敬之心可以转化为对前辈和长官的敬顺服从之心，治家之道也可以转化为治理地方的法则。所以，在家训族规中，往往强调忠君爱国、廉洁爱民、禁入会党和莫谈国事等要求。如浦江义门郑氏告诫做官子孙要以报国为务，抚恤下民。如果有人胆敢贪赃枉法，生则削谱除名，死则不许入祠堂。合阳刘氏要求子孙要牢记君臣大义，做官时要恪尽职守，勤政爱民。而湘阴狄氏则在族谱《凡例》中提出，凡子孙为官后贪赃枉法者，将不义之财"尽追入祠公用"。

缴纳粮税　在古代，普天之下都是皇帝的财产，缴纳皇粮国税是臣民应尽的义务。在《族谱》中，往往会有尽早完税的告诫。温州盘古高氏把急完粮作为新七公家训的第一条，要求高家子孙早完国课。这既是做臣子的本分，又可以避免被官府骚扰。而合阳刘氏也把完国课立为族训之一。

总之，家法族规是族谱的重要组成部分。它们既体现了前辈对后辈的关切，也确保了家族能够平安度过乱世，绵延不绝。在这些规范中，有些内容已经过时了，例如对于戏曲演员、衙役捕快等职业的歧视。但是，也有很多内容能够随着时代变迁加以调整，值得今人总结和继承。

在改革开放之后修纂的族谱中，我们也可以看到族规。在2001年续谱的《新泰刘氏族谱》中，刘氏家族仍然定下了家规。另外，刘氏家族还通过续写《德贤赋》来赞颂祖先的美德和善行，希望子孙能够效法先哲，成为国家的栋梁。在2010年修纂的睢宁县古邳镇《李氏族谱》的族规中，敬祖先、孝父母、和兄弟、睦宗族、守国法、禁吸毒等内容，既保留了传统族规中的合理内容，又体现了一定的时代性。在今天，族规仍然可以发挥改善族群关系、减少社会矛盾等重要作用。

4. 族产

族产一般记录本族的集体财产，如祭田、坟地、义庄、学田、义墅、山林和房屋等。族产的设置，首先是为了供应祭祀所需物品，其次是为家族内部的弱势群体提供救助。祭田又叫祭产、祀田和义田等，田地产出充作本族祭祀祖先费用。义庄原来是负责族田管理和族米分配的机构，后来也变成了族田的称谓。坟地指的是家族共有的坟地，例如始迁祖的坟墓和各支各房的墓地。在上述几项中，族田是族产的主体部分。为了更好地传承、使用和维护家族的共有财产，家族都会将此项事务记入族谱。

族产的由来

族田、义庄的创立肇始于北宋名臣范仲淹。1050年，范仲淹在苏州长洲、吴县买下100多亩田地，将田地所得用来供给各房族人的衣食、婚嫁和丧葬所需费用。这些田地被称为"义庄"。为了规范义庄的管理，范仲淹亲自拟定了10条规矩。其中规定对范氏各房5岁以下子女每

北京国子监模拟私塾场景塑像
私塾是我国古代家庭、家族等开办的民间幼儿教育机构

天供给白米1升,每年发给棉衣1件。5到10岁的儿童,衣食供给减半。后来,义庄规矩又增加了如下规矩:第一,不许尊长干预义庄管理;第二,族人不许借用义庄的车、船等用具,不得侵占、出售义田、房屋等族产;第三,义庄不许典买本族族人的土地。范仲淹购置义田,既是为了供给祭祀所需费用,又有周济族内穷苦百姓的目的。

范氏义庄的规矩后来被很多家族继承和革新。例如,有的家族规定,富裕家庭不能领取救济。族田的规模也不断扩大。以徽州为例,截至1949年,全府耕地118万余亩,其中族田将近17万亩,将近占到全府耕地的1/7。

明朝中叶以后,江南的商业比较发达。很多家族也通过出租房屋和管理集市等来获取利益。例如,新泉张氏就把祖先传下来的商铺出租,由大宗负责在每年的正月十四收取租金。连城四堡邹氏家族则通过管理墟集来获取收益,并且拟定了租金管理和分配的原则。这些收益也变成了族产的重要补充。

族产的管理

　　族产的使用目的,包括祭祀祖先、建祠修墓、纂谱联宗、办学应举、修桥补路和周济穷苦等。其中,祭祀祖先是最大的开支。其他几项也都反映出公益性。例如,龙岩刘氏提出要周济族内穷苦之人,帮助他们维持基本生活。建阳黄氏提出要用族产来周济族内无力婚配和料理丧葬事务的穷苦人士。此外,族产还被用来处理与外族的民事纠纷、诉讼甚至械斗等。

　　在族产的管理方面,各个家族都有一定之规。例如,合阳刘氏规定要积极资助家贫而刻苦学习的族人,帮助他们渡过难关。刘氏族人认为,族人考取功名,既可以给祖宗争光,又可以激励后人。

　　孟子认为普通百姓有恒产才能有恒心,天下才会太平。于是,他提出:贤明的君主应该让百姓有田可耕,让他们可以赡养父母、照顾妻儿。在丰收的年景里,百姓能够吃饱。即使在歉收的年份里,百姓也不至于饿死。这样一来,即使国君命令百姓去打仗,百姓也会视死如归。家族的族产正是民间士绅对于孟子这一思想的落实。在今天,社会保障也承担着类似的职能。

5. 契约

这部分主要是记录与本族有关的契据、文约、管理制度,以及承嗣、婚姻、分家、买卖的文书和契约。例如,在《虞乐戚氏宗谱》(1928年版)中,虞乐戚氏家族就收入了禁池议据和禁单两份契约。下面以虞乐戚氏订立的这两份关于水池的契约为例加以说明。

咸丰年间的禁单

话说在戚氏家族的一个祭祠内有一个三角形的小泉池。这个泉池靠近村子。到了咸丰五年(1855年)二月,族长戚开基担忧天旱之际,全村人畜无处取水。所以,他和戚六飞、戚双凤等人邀集三房房长,订立禁池契约。这一议据规定,自此之后,族人可以用池水来浇灌稻田,但是不得用大小车辆去拉水。如果有强行拉水者,三房共同出面阻止。如果拉水人不听劝阻,戚家可以没收车辆,并送官惩治。戚开基等人担忧日后没有凭证,责成戚六飞把议定的结果写成文字,并誊录三份。各房都保存一纸议据,永远保存。

光绪年间的禁单

到了光绪二十一年（1895年）冬至日，族长戚企东邀请一房房长戚邦先、二房房长戚智海、三房房长戚单孝、四房房长戚福来，共同商议重新订立禁单的事宜。禁单上说，戚氏家族祭祠内的池子是天旱时节全族人饮水、洗漱用水的储备库。过去曾经订立契约，现在已经过了很多年。戚企东担心年代久远，子孙妄为变更。所以，他就邀请四房房长，同心协力，重新订立禁单。

从此之后，大小车辆都不能前来拉水，即使是放水抓鱼也不行。倘若有不成器的家伙，用车辆来拉水。房长可以召集人马，共同控制车辆，并讨论严惩办法。如果拉水人胆敢违抗，就一面没收车辆充作祠产，一面送官究办。这是四房的共同决定，是同心协力的产物。现在，禁单已经抄好五份，一份由族长保存，其余四份分别由各房房长保存，永久保存，作为凭证。

总之，契约文书是族产管理和分配的规范性文件。族人将其记录在族谱中，希望可以传至后世，教育后世子孙，永保家族和睦。总体来看，族谱内关于族产、宗祠、坟茔、契约等的记载，族产家训的强调，就是在落实儒学化民成俗、移忠入孝、家国一体等社会理想。

六 谱榜生辉显忠孝

《孝经》说：一个人不敢毁伤由父母给予的身体发肤，是孝的开始。立身处世、扬名后世，是孝的落实。孝道要从孝顺父母开始，接着要忠君爱国，最后要能够立身行事。子思子说：孝顺父母，就要继承他们的道德和事业。所以，孝顺父母，不只要有后代，更要在道德上光大父辈的美德，努力使家族兴旺发达。在族谱中，这一思想表现为总结祖先的功业，以启迪后人。

在古代，恩荣录、像赞、艺文、人物传记是族谱的重要组成部分，纂修捐资人名、领谱字号、续后篇等往往也是倍受重视的内容。将这些内容编入族谱的目的是光宗耀祖、昭示后人，希望家族一代更比一代强。其中既包含了修族谱之人对前人的崇敬和对后人的期望，又反映了儒学忠孝一体的思想。

1. 人物传记

人物传记又称行状、行述、行实、事状、志略等,体裁有传记、行状、寿文、贺序、墓志、祭文以及抄自史传中的文章。在世系考和世系表之外,人物传记会对家族中的重要人物加以更为细致的说明,以期收到凝聚家族、激励后人的功效。在人物传记中,我们往往能够看到对于孝悌忠信、勤政爱民、乐善好施、立志守节等品德的表彰,还能够看到对于续修族谱等促进家族发展的人物的表彰。下面以《黄县太原王氏族谱》和《定阳张氏族谱》为例,加以说明。

黄县王氏

王氏族谱中,在家时孝顺父母、做官时勤政爱民、为人乐善好施、丈夫死后能够独自抚育幼子等几类人,都会被单独作传进行表彰。

孝悌忠信

在王氏家族中,有很多孝顺父母、和睦兄弟的人。下面,略举几例:

王大观，庠生，性格谦恭、天资聪颖。他孩童时就能够口诵成章。他非常孝顺父母，母亲生病时，他昼夜侍奉，衣不解带，时间长达数月，而毫无怨言。他学问渊博，给别人讲学不收学费。他待人忠厚，活了80多岁，族人们尊称他为"忠厚先生"。他真是贯彻王氏无用祖训的典范啊！

王大程，幼年丧母，对待继母非常孝顺，对待弟弟非常关心。父亲死后，他为父亲守孝3年，在守孝期间，不吃荤腥、不喝酒。他的学问非常渊博，尤其擅长古文诗词。他很有教育手段，门下弟子大都学有所成。他为人正派，遇事敢言，不会阿谀奉承。族人对他很推重。

王洪肇，太学生。他做事刚决果断，具有过人的气节。在治家方面，他宽严有度，家里井井有条。他以身作则，每日早起晚睡。他有商业才能，获利很多。他热心公益，在宗祠维修等事务上面捐款很多。

王洪运，为人忠诚慎密。他年逾三十才进入学堂。因为天资聪颖，所以成绩多次名列前茅。谁料，科举未能中第。他擅长数学计算，对于医学、占卜等也有很深的了解。他52岁时去世。在坟旁有祭田一亩二分，这是他家子孙专有的祭田，其他支派不得干涉。

王人麟，字瑞生，太学生，因孙子被朝廷赠中宪大夫。他性格仁厚，慎重寡言，生平不谈人非，而且极有孝心。他的父亲躺在病榻上长达9年，他打破了"久病床前无孝子"的成见，衣不解带，侍奉床前。父亲去世后，他非常哀伤。他常说："父母的养育之恩大如天。做儿女的尽孝，只是细枝末节。无论做得再好，也不能报答万分之一的养育恩情。"

勤政爱民

在王氏家族中，做官的人大都能够勤政爱民。这些清官也被族谱修纂者加以作传表彰。

王道明,是黄县太原王氏第八世。他天资聪颖,族人都很喜欢他。在他7岁那年,他的父亲王廷孚带着他去参加在泉水亭举办的宴会。在宴会上,大家都知道道明很聪明,就出了个对子来考他。对子的上联为"荷叶穿萍青结绿",道明应声对出下联"桃花夹竹翠生红"。在座诸君都很惊叹,纷纷拍手叫好。他20岁左右就已经通过了科举考试,具备了做官的资格。在中举后,他出入都不坐轿,穿的是布衣,吃的是粗茶淡饭。他孝顺父母,待人接物皆能合乎礼仪。

朝廷大员看重他的才华和品行,就让他做了讲堂的教师。当时的

居官八约
清代直隶总督孙嘉淦题写,意思是对国君要忠诚而不自我炫耀,对同僚要尊重而不自傲,不争权夺势,不追逐功名,办事务求兴利除弊,说话务求简明扼要,不结党营私,要厉行节约来保持廉洁。"居官八约"被后人看成是为官做人的八项基本原则

儒生都很尊重王道明。他极有才情，喜欢喝酒作诗，有斗酒百篇之说。一旦兴之所至，他就随手题诗。他在陕西做县官时两袖清风，勤政爱民，百姓非常爱戴他。他给自己的书房起名清白。在他离任后，当地的百姓特别建祠来纪念他。后来，他做了西安别驾，死在任上。

王祯，是黄县太原王氏五世祖，大明成化年间的贡生。他生性正直，喜欢闭门读书，不喜欢与人四处游逛。他操履端方，得到了当地士人的尊重。入贡后，他被任命为直隶肥乡县训导。他绘制了《望云祝寿图》给自己的寡母。在这幅祝寿图上，他题了这样一首诗："经年不展舞衣斑，肠断云飞指顾间。天若有怜孤子意，并教慈母寿如山。"看到这幅祝寿图，他的母亲姜氏很高兴。不久，由于年老体弱，姜氏得了重病，无法起床。他悉心侍奉，在母亲去世后，他按照古礼为母亲安排葬礼。教授凤阳时，他门下的很多弟子都在科举考试中传来捷报。后来，有些弟子拿出一些钱来感谢老师，可是，王祯都坚决拒绝。他还曾在代王府中任教，得到了王爷的赞赏。

乐善好施

在黄县，王氏是望族。对于乡邻的苦难，他们能够本着仁爱之心积极予以帮助。下面这两位就是其中的代表。

王翔云，幼年时父母都早逝。所以，他是吃百家饭，穿百家衣长大的孩子。他做过奉直大夫等官职。他性格仁厚，在帮助别人时，总是尽心尽力。例如，在捻军东侵时，有个姓黄的孩子被匪徒掳走。王翔云想尽办法，终于把这个孩子救了回来，使得黄家人能够一家团聚。对族内不知上进的后生，他都积极劝导，引导他们走上正道。如果族人中间有愿意读书的穷苦孩子，他都倾力相助，帮助他们完成学业，资助他们参加科举考试。荒年时，他拿出家里的粮食，对族人和乡邻进行周济。很多人都借助他的帮助渡过了难关。在他的诗文中，人们能够看到很多值得称道的地方。例如，"读书须得真滋味，虑世常思本性情"。再比如"莫谓山林同一样，惟见松柏古今苍"。

王四箴，字程书，太学生。他性格果断，喜欢洁净。他的居处一尘不染。他喜欢阅读经史，喜欢喝酒作诗。他以敦宗睦族为己任。年逾六旬的时候，他扛起筐子，给始祖的坟墓上添土。在他的感召下，族人们都纷纷背土添坟。在他的带动下，始祖到九世祖的坟茔都立了墓碑，他因此被推选为族长。面对族人之间的争讼，他总是本着公正的原则，不辞辛苦地进行调解，让双方化干戈为玉帛。他乐善好施，积极捐资整修文昌庙等庙宇。隆冬季节，很多乞丐无法吃饱肚子，他就施舍热粥给路边的乞丐，给他们送去冬日的温暖。

立志守节

在中国古代，有很多节妇。在其丈夫死后，她们不改嫁，而是独立抚育幼子。下面举两个例子来说明她们的事迹。

王人涣之妻黄氏，资禀幽贞。她嫁入王家之后，29岁时生了一个儿子。数月之后，王人涣去世。黄氏摘去华丽的首饰，脱去绫罗绸缎，穿上普通的衣服。她严守节操，一心抚育自己的儿子。谁知，两年后，她的儿子又夭折了。在族人的帮助下，她收养王人耀的次子为后嗣，起名为敷诏。她守节40余年，毫无怨言。70岁时，她去世了。她的节操被族人所推崇，于是在族谱中作传予以表彰。

王敷梓的妻子张氏嫁到王家之后，生育了两个儿子，长子名叫基亨，次子名叫基田。后来，王敷梓不幸亡故。当时，张氏才24岁，基亨3岁，基田尚在襁褓之中。她苦心养育两个儿子。后来，基田出继给敷桐为子，两个儿子都成才了。基亨娶妻陈氏，生育一子，名叫丰厚。不料，基亨又不幸亡故。当时，陈氏仅仅21岁。于是，两世寡妇立志守节，昼夜纺织，终于将丰厚抚育成人。族人推崇她们的义举，就奏请朝廷予以旌表。后来，二人先后被朝廷旌表，族人奉旨建设牌坊。

在黄县王氏族人之中，类似的情形还有不少。在男尊女卑的时代，她们对爱情忠贞，对子女疼爱，为夫家辛劳付出，是当时人们推崇的道德典范。

可是，在久远的历史长河中，必定有不少妇女是迫于社会压力而守节的。按照男女平等的观点来看，守节的妇女牺牲了自我的前途和幸福，并不值得效法。在当代，人们既赞美女性的忠贞、贤惠、坚强、慈爱等传统美德，又推崇坚韧、细腻、独立等现代美德，鼓励她们大胆追求甜蜜的爱情，建立幸福的家庭，获得成功的事业。

突出贡献

王道同，字心宇，为黄县王氏八世。他为人端方正直。他的家庭很穷困，但在教授学生方面不遗余力。一天凌晨，他出门去学校。在路上，他捡到了一个大布袋子，里面有400两银子。不久，失主来找王道同，告诉他，他捡到的银子是自己收账所得，袋中共有白银400两。王道同一看，确实是失主的银子，就把银子还给了失主。失主要拿出一些银两，来感谢王道同。王道同坚决推辞，不予接受。他80多岁的时候，还曾经保全了不少仓库，让经过战乱的人们有粮食可以充饥。他的突出贡献在于最早开始编修黄县王氏族谱。在谱序中，他提出了无用论的治家格言。

后来，他的孙子王卜专门写作了《无用说》，要求王氏子孙都要待人忠厚，遇事不得行险侥幸。王道同提出的无用论家训，对于王氏子孙建立与人为善的家风起到了定调的作用。后人因此尊称他为心宇公、无用祖。

在《王氏族谱》中，人物传记并未单列为一卷，而是附着在世系表中。这样一来，王氏族人几乎代代都有人立传，从中也可以看出王氏族人的发展情况。

定阳张氏

在《定阳张氏族谱》中，立传的只有三人，依次为张呈绣、任氏、梁氏。他们获得立传的缘由，都是因为道德高尚。

"七篇贻矩"金匾
山东邹城孟府大堂檐下正中悬挂着"七篇贻矩"金匾，清雍正皇帝手书。"七篇"指的是《孟子》七篇，即《梁惠王》《公孙丑》《滕文公》《离娄》《万章》《告子》和《尽心》。"贻矩"指赠给孟家的规矩。雍正皇帝的用意是告诫孟家后代要用孟子的《七篇》作为孟家后代言行的准则和行为的规矩。

孝子张呈绣

张呈绣，字成文，别号敬菴，是定阳张氏五世孙。他年仅7岁的时候，他的父亲就去世了。尽管很年幼，他还是非常哀伤，三年里都没有一点儿笑容。乡邻们都称他为纯孝童子。

孝名满介休　在侍奉寡母时，他晨昏定省从无间断。有一次，他的母亲生了重病，想喝绵山蜂房泉的泉水。蜂房泉离介休城有六七十里远，而且道路崎岖。张呈绣不顾道路难行，亲自上山去打水。在回来的路上，他碰见了一只老虎。他心里很害怕，谁知老虎静静地从他身边走过，并没有伤害他。邻居们都说是呈绣的孝心感动了上苍。母亲去世后，他在坟墓旁守孝三年。在这三年里，他不吃荤腥，邻里们都很感动。官府先后送给他几块牌匾，上面分别刻着六行全克、孝行足嘉、善行足式等字样。后来，官府还在他守墓的地方树立了张孝子庐墓处的碑石。

热心助乡邻　由于他的母亲生前乐善好施，所以张呈绣也效法母亲，急公好义。他的善行不胜枚举。下面就举几个例子。他喜欢读书，却未能科举中第。所以他设立了义塾，让贫苦人家的小孩免费上学，还给学习成绩优异的学生发放纸笔作为奖励。张呈绣到处求医问药，力图治愈年幼时就得了重病的兄长。张呈绣还把侄子视若己出，非常疼爱。在分家时，他把家产平分给儿子和侄子。对于无力办理丧事的贫苦人家，他会资助他们棺材。对于无田耕种的农民，他安排他们租种张家的义田。对于死在介休、无法回归原籍的外地人，他置办了6亩土地，作为义冢。张呈绣独立购买了很多石头，把介休城北的泥泞道路修成了坦途。

他去世后的第三天，有个穿着孝服的人一路痛哭着走进灵堂。此人并非亲朋故旧。在张家人详细询问之下，来人语不成声地诉说了事情的缘由。有一年，他拿着装有 30 两银子的包裹，行色匆匆地往家赶，不慎将银子丢失。失银之后，他遍寻不得，就伤心地坐在路边痛哭。正在这时，张呈绣拿了一个装着 30 两银子的包裹，和蔼地对他说："小伙子，快别哭了，这不是你的银子吗？"他仔细一看，不是自己的银子。由于家中有急事，他就拿着银子回家了。在回家的路上，他下定决心来日一定要当面向恩人道谢。谁知天不遂人愿，他来还钱的时候，张呈绣已经去世了，所以他才痛哭流涕。

由于张呈绣孝顺母亲、热心助人，朝廷下旨建立牌坊表彰他。介休城里的百姓也把他的牌位供奉在孝义祠中。

节妇任氏

任氏是张呈绣的继室，她 16 岁嫁入张家。对过世的公婆，她按照事死如事生的原则，予以诚心祭祀。她常常以未能向公婆敬孝心而感到遗憾。她的道德、女工、做饭都非常优秀。处理夫妻关系时，她既能够注意男女之别，又能够举案齐眉。丈夫生病时，她悉心照顾。等到丈夫过世时，她失声痛哭，在办理丧事时举止合乎礼节。

当时，她年仅 26 岁，儿子张燮年仅 4 岁。她擦干眼泪，脱下绫罗绸缎，日夜辛劳操持家务。在教育儿子时，她非常严格。她热心助人，看不得别人受苦。有一年，介休发生了大旱，粮食歉收。任氏捐出钱财，施舍粥饭给穷人吃。在金川战役时，晋商纷纷筹措军饷，任氏也积极参与。她对儿子说："我们家虽然没有受过朝廷很多封赏，可是享受了很长时间的太平日子，应该积极报效国家。"介休百姓感念她的恩德，于是向朝廷申请，对她进行旌表。朝廷同意了大家的要求，并封赠任氏为太恭人。介休百姓把她的神主奉祀在节孝祠内。

节妇梁氏

梁氏是张企载的继室。她 19 岁时嫁给张企载。当时，张家很穷，公婆的年龄都很大，身体衰弱。梁氏日夜辛劳，即使得了小病也不休息。当时，正妻强氏的儿子清政尚在襁褓之中，梁氏把这个孩子看作自己所生。张企载去世后，梁氏的负担更重了。她既要照顾年迈的公婆，又要抚育幼子，辛苦程度可想而知。

后来，清政娶妻生子。他的媳妇马氏却早早去世。梁氏又开始悉心抚育孙子张应泰。她为人乐善好施，邻里大都得到过她的帮助。她教育儿孙做官要勤恳、谨慎、公正、廉洁。后来，介休百姓也为她向朝廷请求旌表。

总体来看，族谱立传的标准非常相似。具备孝悌忠信、勤政爱民、乐善好施、守节育孤等品德的族人，往往都会被立传表彰。在今人看来，孝悌忠信已经被孝顺父母、和睦兄弟所取代，为亡夫守节的做法已经退出了历史舞台。在丈夫死后，选择独自抚养儿女、照顾公婆的女性会被大家推崇为道德模范，选择再次改嫁的人也不会受到别人的非议。

小知识◎仁政

孔子提出君主要以德治国，宽厚待人，反对苛政。在孔子治国思想的基础上，孟子提出"仁政"。在他看来，仁政就是要鼓励百姓深耕细作，减轻刑罚，少收赋税。与此同时，统治者还要教给人民孝悌忠信的道德规范，使他

扬州文昌阁

扬州文昌阁,俗称文昌楼,学名文汇阁,位于江苏扬州汶河路与三元路交叉处,建于明代万历十三年(1585年),因是扬州府学的魁星楼,故名为"文昌阁"

们能够孝顺父母、尊敬兄长,在做官时兢兢业业、忠君爱民。孟子提出了王霸之辨,认为仁政是王道,苛政是霸道。他推崇实行王道的仁政。儒家的仁政思想对后世有很大影响。在族谱编纂中,修纂人会通过作传对做官时实行仁政的族人进行表彰。

2. 恩荣录

恩荣录，又叫封典，包括历代朝廷对本族中的官员及家属的敕书、诏命、赐字、赐匾、赐联、御谥文、御制碑文，以及地方官府的赠谕文字等。在这些文字中，能够看到后代子孙对祖先的尊崇，也能够看出朝廷对勤政爱民、相夫教子等美德的推崇。这些文字记录了先辈们的嘉言懿行，都是家族的骄傲，也是希望后人效法的事迹。所以，在族谱续修时，这部分内容往往会收录在族谱中。

对男性的封赏

例如，在《定阳张氏族谱》中，第二卷是封典，收录了皇帝颁给张氏族人的30余道圣旨。这些圣旨大都是依据科举或者捐款获得官职的高低，对张氏族人进行奖励。在奖励时，朝廷不只会奖励有官职的个人，还会奖励他的夫人，更会奖励他的父母、祖父母和曾祖父母。在收录时，修纂者不只会记录圣旨颁发的时间，而且会按照曾祖父母、祖父母、父母、兄嫂、自家夫妻的顺序来排序。至于为何要封荫祖宗和妻，从朝廷颁发的圣旨来看，主要是因为祖辈、父辈的箕裘、堂构，对后世子孙的成才具有示范作用。

此外，在封赠时，个人不但可以因自身勤政爱民、乐善好施等功绩而得到封赏，也可以因他的儿子、孙子、弟弟等人的功绩而获得封赏。所以，同一人士往往获得多次封赏。例如，张呈锦和他的夫人宋氏就因为他的孙子张炜、张煐分别受到封赏，又因为曾孙张企俨再次受到封赏。还有，随着官职的升高，同一人士也会获得多次封赏，他的夫人也可以获得相应的称号。

对女性的封赠

有首歌里面唱道："军功章里有我的一半，也有你的一半。"在朝廷封赠时，也是按照男女平等、嫡庶并重的原则进行的。在封赠给男性长辈、兄长和自身官职的同时，朝廷也会册封曾祖母、祖母、母亲、嫂子、妻子等恭人、安人、孺人、夫人等称号，以便奕叶不绝。按照古代的命妇制度，各级官员的夫人或者母亲、祖母、曾祖母等都是按照级别来进行封赏的。一品、二品是夫人，三品是淑人，四品是恭人，五品是宜人，六品是安人，七品、八品和九品则是孺人。

在《定阳张氏族谱》中，值得注意的是，封赠女性族人时，会在对正妻进行封赠的同时，对生母、继母等封赠同样的称号。如果侧室有儿子，也可能会受到封赠。对这些女性族人进行赞颂时，往往会提到她们相夫教子的功绩。例如，张启载的继室梁太恭人就是因为抚养继子张清政和孙子张应泰，加上乐善好施、孝敬公婆等美德而受到皇帝的敕封。

3. 像赞

对家族中的重要人物，族谱往往会设置像赞来记录他们的影像，让后人可以瞻仰他们的音容笑貌。像赞的格式大致如下：正面为像，背面为像赞，有本族写的，也有外族人写的来赞扬本族人。

民国时的像赞

例如民国版《锡山张氏统谱》八卷本就在卷三设有祖像30多幅，每幅图像都配有像赞。其中，轩辕黄帝为像赞第一人。在撰写的赞语中，文从简极力赞誉黄帝的功绩，说他有利于国家、人民和家庭。汉朝留侯张良是像赞第二人。在赞语中，张氏族人首先追溯了张良的生平。秦朝末年，张良带人埋伏在博浪沙，希望用铁锤砸死秦始皇，为被秦国灭亡的韩国复仇。可是，此事没有成功。后来，他得到黄石公的传授，学会了兵法和韬略。归附刘邦后，他劝刘邦联络英布、彭越，重用韩信，又主张追击项羽，不留后患，最终帮助刘邦完成统一大业。刘邦称赞他"运筹帷帐之中，决胜千里之外"。等到汉朝建立后，他被封为留侯。

在刘邦想要废太子刘盈的时候，他联络商山四皓，帮助太子稳定地位。到了晚年，他辞官告退，专心修道。

在给宋代儒学家张载写的赞语中，朱熹指出，横渠先生早年热衷孙子吴起之流的兵法，晚年喜欢佛老之学。在学术上，他具有极大的勇气。他的儒学思想很高明，只要稍加修正，就很合理了。张载思考认真，注重道德修养。他写作的《订顽》一篇对朱熹启发很大。在写给南渡始迁祖张楚昭的赞语中，楚昭公的忠义爱国和明哲保身都受到了推崇。元代时，太仆寺卿张德庆迁到了无锡。应张氏族人之邀，明代学者宋濂为德庆公写了赞语。

在给张月泉先生写的赞语中，俞岱云赞扬他气量宏大，兼具恬淡与豪迈的情怀；赞扬他的文章朴实无华，善养浩然之气。在给张锦荣写的赞语中，周镜寿提出，锦荣公是商界中的英雄，赞扬他持身谨慎、接物温恭，吃穿上蔬食布衣，他的勤俭值得大家学习。

新时期的像赞

在新修族谱中，我们还能看到祖像，可是像赞已经不多见了。以2010年续修的《新安琅琊王氏太湖县龙山支王氏宗谱》为例，在谱中收入了黄帝和周灵王太子晋的画像。在黄帝像后，附有从黄帝到后稷到周文王再到太子晋的世系表。在太子晋的画像后，附有采自《国语》的《太子晋壅川谏》。可是，并未见到像赞。

2005年修成的《漳州渡东陇西李氏族谱》中，祖像位于第三部分。其中，首先收录的是李氏上古始祖皋陶公祖像，接下来是李氏受姓始祖利贞公祖像，再往下收录了道教始祖李耳和唐朝名臣李靖的画像，最后是漳州李氏始迁祖李伯瑶的祖像。与上述王氏宗谱相似，此谱也无像赞。

总之,在像赞中,我们能够看到家族始祖的祖像,在古代的族谱中,往往还有族人或者外人对他们的赞语。他们之所以受到尊崇,既是因为他们是祖先,又是因为他们的道德和事业值得后人继承。

小知识◎浩然之气

"浩然之气"一词出自《孟子》一书。有一次,孟子的徒弟公孙丑问他:敬爱的老师,您的长处是什么呢?孟子回答说:我善于培养我的浩然之气。这种浩然之气长存在天地间,浩大而又刚强。它是靠正义和道德日积月累而造就的。在今天,人们认为浩然之气就是刚正之气,而与之相反的就是歪风邪气。孟子提出的浩然之气在后世有很大影响。例如,山东大学就把"气有浩然,学无止境"作为校训。

4. 艺文

艺文主要收录族中的著述、奏疏、殿试文、万言策、诗词和各式文章。有时,人们也把族外之人与本族人士的往来文字纳入族谱。例如,在《定阳张氏族谱》中,墓表、墓志铭和行状等是艺文卷的主要内容。

墓表、墓志铭和行状的内容很相似,既要记述死者的祖先、妻妾和子女,又要赞颂死者的事迹、品德等。如果是张氏族人撰写的,还会表明自己的文字只是抛砖引玉,希望以立言求不朽的人士能够撰写墓志铭或者诔文。以《光宇张公墓志铭》为例,作者是张光宇的外孙女婿郭在迖。在这篇描写张炜的铭文中,作者首先引用司马迁的话说:水流深了才会有鱼,山高了才会有鸟兽,如果富人乐善好施,就会赢得仁义的好名声。接下来,他介绍了张炜的祖先张奇士、张龙瀛、张呈锦。张光宇名叫张炜,字杲如,光宇是他的号。然后,他又介绍了张炜在孝敬父母、商业经营、勤俭持家、帮助乡邻、捐献军饷等方面的事迹,并写清了他的生卒年月和子孙后代。最后,他表示,外祖父被葬在汾水边、绵山脚下,是非常合适的。

从《定阳张氏族谱》所收录的艺文来看,张氏家族善于商业经营,

福建农村的庙宇
在古代,修缮庙宇也是善举。现在,很多地方的百姓仍然热衷于修建庙宇

在帮助乡邻、建修庙宇、捐献军饷、修葺城池等方面，用心颇多。这些高风亮节，即使放在今天，也是值得人们大力学习的。

把家族中重要人物的影像、事迹、文字等要素纳入族谱，一方面可以让后辈追忆前辈的音容笑貌和不朽功业，另一方面也可以给后人树立学习效法的榜样。荀子说："青，取之于蓝，而青于蓝。"后人将这句话作为鞭策后辈的鼓励之语。族谱编纂之人大概也抱有这样的期望吧！

小知识◎三不朽

一个人死后，如何才能永垂不朽呢？这个问题困扰了很多人。在春秋时鲁国大夫叔孙豹看来，一个人要想实现永垂不朽，可以通过以下三个途径来实现。最好的途径是"立德"，即通过道德修养，树立高尚的道德；其次是"立功"，即为国家、为人民建立不朽的功绩；再次是"立言"，即刻苦学习，提出具有真知灼见的言论。后来，人们就把"立德""立功"和"立言"称为三不朽。在族谱编纂中，对于祖先的道德、功绩和言论，后世子孙往往都会记载在族谱中。

5. 纂修、捐资人名

续修完毕，一般在卷首或卷尾专门登载倡修、主修、纂修、同修和采访等人名和捐资助修者的姓名，以示表彰。对捐资较多之人，有的族谱会增加描述篇幅，也有的会为他们立传。

黄县王氏

在宣统版《黄县太原王氏族谱》中，两次提到了修谱者的名字。一次是在乾隆年间续谱时，共有32人参与。其中，王中山、王如珍为首事，也就是总负责人；王有先、王克开等8人负责采访和联系宗亲；王行居、王克登、王嗣益等8人负责编次；王挥如、王颐2人负责监理；王克灼、王仁庵等4人负责校对；王直轩、王玉禄等6人负责誊写。从人员分配上面来看，采访和编次是续谱一事中最重要的工作。前者是基础，后者是落实。在此次续谱的过程中，十二世王如珍、王颐等27人捐款，十三世王克淳、王克壮等51人捐款，十四世王人凤、王世治等27人捐款，十五世王敷吉1人捐款。可见，此次续修捐资以十三世为主。

一次是在嘉庆丙子年（1816年）续谱时，共有32人参与。其中，王谷音为首事，王庭百、王敷灵等6人负责监理，王厚九、王大醇等10人负责采访，王敷珍、王畏亭等4人负责编修，王南薰、王星渠等4人负责校对，王大钰负责校正，王在青、王撲百等4人负责校阅，王基作等2人负责誊写。看来，此次续谱把采访作为重中之重。

在其他家族续谱时，往往也包括管事、监理、采访、编修、校阅等。孔子后人在续谱时则比较复杂。1774年，续修《孔子世家谱》时，衍圣公府设立的组织机构包括：鉴定、监修、提调、编次、掌收、校阅、誊录、暂刊、收发和供应等。

捐资惹风波

说起续谱筹资，还有一个故事。1937年11月，《孔子世家谱》续修完毕。当时国民政府的财政部长孔祥熙也名列其中。当时社会上有人传说孔祥熙并非孔子后裔，而是花了2000银元买来一个曲阜纸坊村的身份。其实，早在国民政府成立之前，孔祥熙就请孔祥勉查询他的祖上是如何流落到山西的。根据族谱上面的世系，孔祥勉查出孔祥熙的祖上是纸坊户，并在第56代时迁往山西。因此，在民国年间续谱时，孔祥熙才得以入谱。当时，孔祥熙确实捐款了，只是数额是1000银元。

总之，将捐资、续谱的人名纳入族谱，既可以彰显他们尊族敬宗的热诚，又可以给后世子孙树立榜样。

6. 领谱字号

领谱字号专门记载族谱的编号、印谱的总数、分发各房谱数及领谱人的名字。领谱字号和字辈排行并不相同，例如，有的家族选择《千字文》中的一句话为领谱字号。如徽州环川詹氏璁公房的领谱字号为"大清光绪皇帝，著雍阉茂之年，创修璁公支谱，旧章敬率，前贤所愿，人文蔚起，丁族繁盛，重镌"。其中，"大清光绪皇帝著"几个字，为平石公、景芳公、柏山公、大川公、前川公、洪源公、孟英公几家祠堂领取。其余字号分别对应56家领取记录。这个领谱字号表明詹氏支谱共发出36副62本。有些家族在散谱时，还会加盖防伪印记。另外，也有些家族选用诗词作为领谱字号。例如，有本族谱就用"春游芳草地，夏赏绿荷池，秋饮黄花酒，冬咏白雪诗"作为领谱字号。

以《孔子世家谱》的散谱为例，衍圣公府在散谱时，有严格的程序。交回旧谱时，族长要加盖印章。《孔子世家谱》的印刷颜色也有区别，朱印本由衍圣公等珍藏，墨印谱则分发给众人。在分发时，谱本上还要加盖印章。衍圣公、族长、县令等人都可以领谱，孔氏后人每户一套。

小知识◎祭谱

　　族谱寄托着祖先的神灵。在古代祭祖时,会把族谱请出来,予以祭拜。在浙江等地,古代人一般会每隔十年举办一次祭谱活动。届时,合族男女聚集宗祠内,同吃斋饭,并请来道士设坛做法,祈求合族清平吉祥。在打醮时,族人还会在庭院中树立带土的毛竹一根,寓意给续谱时漏登记的阴间宗亲登记名字。民间把这一仪式叫作"树幡竹"。与此同时,人们还会在附近的山头点燃事前准备好的"通天烛"。所谓"通天烛",就是把毛竹筒塞入松明。这一仪式一般要持续三天三夜。到了今天,在续谱完毕之后,很多家族会杀猪宰羊,举行祭谱典礼。

7. 续后篇

续后篇是指族谱修完后，专门留空白纸数页，留待后世子孙填续，以示绵延不绝。这既是为了方便新生的孩童可以及时填入族谱，更多的则是象征子孙绵延不绝的意义。例如，1935年编写的《东莱赵氏家乘》就在全书的最后，留存五页空白纸。赵氏家族还对这几页纸的用途做了规定。本次续谱结束之后，领到族谱的各家须将家庭内发生的生卒、嫁娶、迁徙、继嗣等情形，详细记入族谱最后的空白纸上。这样做的目的是为日后修谱保存资料，以便到时候减少采访调查的时间，并提高资料的准确性。其他族谱把这种空白部分叫作"余庆录"，表示子孙绵延不绝，世代相传。

续修完毕之后，族谱的发放、保存就显得格外重要。这是防止外族乱宗的重要举措。这些是族谱"尊祖、敬宗、睦族"功能得以实现的重要保证，都是为了保证族谱的传承和家族的维系。在儒家学者看来，家族是国家的缩影，也是实现天下太平的起点，更是"忠孝一体、家国同构"得以实现的保障。而族谱的续修正好使上述目的都得到了实现。

总之，通过将人物传记、纂修捐资人名、领谱字号等内容纳入族谱，既可以弘扬祖先的美德，又有利于鼓励后人续修族谱。在恩荣录、艺文、续后篇等处，我们常常可以看到儒学提倡的忠孝、廉洁、仁爱等美德。

小知识◎晒谱

晒谱主要是防止族谱发霉、损坏。在江南地区，到了农历六月，已经出了梅雨季节，进入了一年之中最热的中伏天气。在古代，人们把六月六称为"晒谱节"。在这一天，南方很多地方都会将族谱请出进行晾晒。以安徽含山为例，在六月初六上午9时，族谱保管人将族谱请出，由族长将其一本一本郑重其事地摆放在户外的大方桌或者凉席上面。随后，人们要燃放鞭炮。保管人用竹筷将族谱一页页翻开，进行晾晒。到了中午12点，晾晒结束，全体族人面向族谱跪拜，并将族谱收起放回原处。在晒谱仪式后，合族还要吃酒席，商议族中事务。1949年以前，晒谱一般在宗祠里面进行。

七 千年族谱盼新生

《周易》说：有天地然后有万物，有万物然后有男女，有男女然后有夫妇，有夫妇然后有父子，有父子然后有君臣，有君臣然后有上下，有上下然后礼义有所措。只要有人类的地方，就会有种族传承，就会有族谱。在美国，有十三位总统有爱尔兰血统，包括罗斯福、肯尼迪、尼克松、克林顿等。而爱尔兰裔美国人大约有3700万人，在美国3亿人口中占据1/10。尽管只有大约3.1%的爱尔兰血统，美国总统奥巴马还是非常珍视它，希望它可以为自己的竞选提供帮助。

在当代，外国也有很多家谱网站。例如，奥巴马的爱尔兰血统就是由英国的家谱网站发现的。1850年，爱尔兰面临着严重的土豆大饥荒。那一年，有个名叫法尔蒙斯·基尔尼的爱尔兰青年和姐姐、姐夫一起逃到美国俄亥俄州，接收了亲戚的房产。后来，他结了婚，并生育了10个儿女。奥巴马的母亲安·杜汉就是基尔尼的后代之一。所以，法尔蒙斯·基尔尼是奥巴马的五世外祖父。奥巴马的父亲是肯尼亚人。2011年5月，奥巴马前往爱尔兰中部奥法利郡的小镇莫尼高尔"寻根"。

而在现代化的中国，也一定会有族谱的一席之地。

1. 族谱现状面面观

正所谓"野火烧不尽,春风吹又生"。改革开放之后,族谱的编纂在城乡之间重新热络起来,各地续修族谱的热情很高。从2010年6月续修的《睢宁古邳镇新修李氏族谱》和2006年修纂的《淮阴岳氏宗谱》等可以看出,新续族谱在编纂主体、筹款方式、上谱理念、存放方式等方面,都有不少改进。

但是,也有如下一些问题:(1)观念上的误解。很多人把族谱视为封建迷信,看作洪水猛兽。例如,在续修《孔子世家谱》时,孔德墉等人在收集资料时,曾经遇到很多困难。有几次,他们历尽千辛万苦找到了孔子某一支的后裔,可是对方并不愿意入谱。也有不少学者发表文章,批判续修家谱为封建迷信。(2)编纂人才的断层。在农村,族谱主要是老年人在编纂。一旦他们去世,下一次的族谱编纂很可能后继无人。(3)年轻人编纂族谱热情不高。由于计划生育的推行,农村出现了少子化,居住方式也有合族共居变成了三口之家。此外,由于拜金主义的影响,很多人认为族谱无用,没有参与的热情。

2. 展望族谱新未来

展望未来，历久弥新的族谱可以在文献研究、道德教育、寻根旅游、民族认同、对外交流等方面发挥作用。穿越历史的风雨，族谱在今天迎来了新生。为了促进族谱续修的发展，我们需要更新观念，需要加强编纂人才培养，并在编纂方式和保存方式等方面做出调整。

族谱的现代价值

在未来，族谱不但可以继续承担传承儒学的重要责任，而且可以发挥文献价值、教育功能、寻根旅游、民族认同和对外交流等方面的作用。对此，我们应该发挥儒学"持经达变"的精神，充分发挥儒学的现代价值。

瑞典王子万里寻根

海外侨胞虽然身在异乡，可是他们和祖国的文化血缘和血脉亲情并未割断。在海外侨胞寻根方面，族谱可以发挥桥梁和纽带作用，有利于吸引外资和发展旅游。

1920年10月，湖州荻港人章祖申被任命为中华民国驻瑞典兼挪威的大使，来到了瑞典首都斯德哥尔摩。他的儿子章宗琦随他一起赴任。后来，章祖申因病回到国内，在北京广济寺出家为僧。章宗琦被留在了瑞典友人家中。成年后，他与一位瑞典女子结婚，生下了一个儿子、两个女儿，儿子取名为罗伯特·章。章宗琦去世之后，章太太改嫁给了瑞典亲王斯格瓦德·贝纳多特。罗伯特·章也成了亲王的继子，享受瑞典王室的待遇。

罗伯特·章一直想要寻根，希望中国驻瑞典大使馆能够帮助他。尽管瑞典和中国远隔千山万水，可是热情的中国人还是千方百计地帮助他。后来，在荻港一个老人的家里发现了一本《章氏家谱》。在家谱上面，人们找到了罗伯特·章的祖父章祖申和父亲章宗琦的名字。得知这一喜讯，瑞典王子很高兴，就携带夫人来中国寻根谒祖。临行前，他从父亲的坟头取了一些土，又把自己和儿子的几根头发包在一起，打算带回中国。

1998年4月，瑞典王子罗伯特·章终于到达了湖州市南浔区和孚镇荻港村，受到了当地人的热情欢迎。他抚摸着已经发黄的族谱，从其中的世系表上面找到了祖父和父亲的名字。随后，他又来到祖父的坟头，把从瑞典带回来的土、头发埋入坟头的土里。家谱的原主人把《章氏家谱》送给了远道而来的瑞典客人。这就是家谱在外交中发挥的重要作用。

统一大业

在台湾地区，目前居住着大量大陆移民的后裔。以高山族为例，他们是大陆东南沿海古代百越族的后裔。台湾早期移民大都是从福建移居入台的。研究族谱，可以了解他们的来源地、人口繁衍、分布特点，有利于加强海峡两岸的联系，抵制"台独"浊流。

台湾同胞大都由福建等地迁徙来台，他们与大陆有着割不断的文化和血缘联系。在沟通海峡两岸促进祖国统一方面，族谱可以起到促进文化交流、增强政治互信的作用。

连战祭祖 连战的祖先原来居住在山西上党。开基祖连佛保来到连战祖籍地福建省漳州龙海市马崎村，在此开枝散叶。到了清朝康熙年间，连兴位从马崎漂洋过海来到台湾，成为马崎连氏台湾一支的

连氏宗祠
福建马崎连氏宗祠位于龙海市榜山镇马崎村，供奉霞漳连氏鼻祖宋代名臣连南夫及连南夫的第10代孙、马崎始祖连佛保。宗祠起名"思成"，意思是连氏祖先希望后人事业有成，光宗耀祖

开基祖。连战即是连兴位的九世孙。

连战的祖父连横曾经自述自己的家谱:"余姓连氏,名允斌,字雅堂,号慕陶,乳名重送,行四;系出连山氏,望出上党,先世有居于福建省漳州府龙溪县万松关马崎社二十七都,至大清康熙年间来台,居于台湾府城内凌南坊马兵营境。"连横生前一直想回祖籍,再续连氏家谱。可是,他一直未能成行。

2005年10月,马崎连氏组织人员,开始续修族谱。2006年4月,《马崎连氏族谱》续修完毕。族谱以宋代名臣连南夫为鼻祖,收入了连战家族在台湾的"台南马兵营连氏世系图",并付梓出版。在族谱内,明确记载连兴位为马崎连氏第十世,而连战则为第十八世。2006年4月19日,连战回福建祭祖,受到了连氏宗亲的热情接待。2009年4月,他还曾到连氏开宗发祥地山西省襄垣县古韩镇南丰沟村祭拜连氏先祖。祭祖仪式结束之后,他还欣然写下了"洪维祖宗遗德,高据云天一隅"的题词,赠给上党连氏宗祠。

宋楚瑜回湘 中国台湾地区亲民党主席宋楚瑜曾经在2005年和2009年两次回到祖籍地湖南湘潭。他提出的"炎黄子孙不忘本,海峡两岸一家亲",反映了海峡两岸血浓于水的亲情。2005年5月,时任中共中央总书记的胡锦涛在宴请宋楚瑜时,赠送给他一本《湘潭昭山宋氏石潭房七修族谱》。宋先生表示,这是最好的礼物。

在他回到祖籍湖南湘潭射埠镇巨鱼村时,他的远房堂兄弟宋国林拿出了自己收藏多年的《湘潭昭山宋氏石潭房七修族谱》。在族谱上面,宋楚瑜的曾祖父、祖父、父亲和母亲的名字都历历在目。这是宋氏族人在1941年续修的族谱。由于当时宋楚瑜尚未出生,所以族谱上并没有他的名字。宋氏族人表示下次重修时会将宋楚瑜和他的家人列入族谱。宋国林还将自己收藏几十年的族谱赠送给宋楚瑜保管。

族谱的新生

在后工业化的当今社会，族谱要想获得新生，就必须在观念、编纂方式、保存方式、人才培养等方面进行革新。

首先，在观念上要进行革新。族谱的编纂，应该本着"损益盈虚，与时偕行"的精神，扭转族谱编纂是封建迷信和不利国家管理等错误观念，唤起人们对族谱的热情。在为阚钧所作的《合肥阚氏重修谱牒序》中，孙中山先生赞扬"合肥阚氏一族在元朝末年迁居江南。500年来，阚氏家族的人口逾千。男女皆用心做好自己的工作，人人能够讲道德、有礼貌。天资聪颖的人或读书或练武，不甘做庸碌无为之人。近来，阚氏家族又自办学校，议立族规，纂续谱牒，储集公产。他们的自治精神可以作为社会典范"。可见，在中国的现代化进程中，族谱可以发挥积极作用，族谱的编纂也需要更新观念，增加符合时代要求的内容。

其次，在编纂方式上，要大胆革新。过去的族谱编纂往往以家族为单位，由族长牵头，通过族产、个体认捐和族人摊派等方式筹款。当代的族谱编纂则以民间热心人士和知识分子为主体，通过个人出资和族人捐款等方式来筹措资金。在具体编纂时，执笔者往往是民间知识分子或者教师。

再次，在保存方式上，也要做出革新。传统上，族谱都是在民间由一家一户珍藏。在此之外，新修族谱需要增加档案馆、图书馆等公共机构的存档；在继续采用纸质作为第一手保存载体的同时，还要积极推进族谱的数字化和网络化，提高族谱查询利用的方便程度。

最后，在编纂人才的培养方面，也要进行大胆改进。目前，编纂人才的匮乏是当代族谱编纂遭遇的瓶颈。在农村，年轻人对族谱了解不多，也没有参与编纂的热情。因此，组织编纂的往往是德高望重的老年人。一旦他们去世，下一次的族谱续修则会面临后继无人的困境。因此，需要加大培养编纂人才的力度。笔者以为，应该创造条件，使民间编纂人员、地方志办公室和高等学府三方能够开展合作，共同搭建培养农村族谱编纂人才的平台。

在历史上，族谱曾经发挥了儒学在民间传承落实的功能。今天，我们要弘扬民间儒学，就不能漠视族谱的价值。因此，即使从弘扬传统文化、提升中国软实力的角度，也应该重视族谱的编纂和保存。

图书在版编目（CIP）数据

家国情怀：儒家与族谱 / 岳晗著. — 郑州：中州古籍出版社，2014.7
（华夏文库）
ISBN 978-7-5348-4658-8

Ⅰ.①家… Ⅱ.①岳… Ⅲ.①氏族谱系 – 研究 – 中国 Ⅳ.①K820.9

中国版本图书馆CIP数据核字（2014）第004796号

华夏文库·儒学书系
家国情怀：儒家与族谱

总 策 划	耿相新　郭孟良
责任编辑	贾保倩
责任校对	苏晓园
封面设计	新海岸设计中心
版式设计	曾晶晶
美术编辑	曾晶晶
责任印制	刘新毅
项目统筹	单占生　萧　红（执行）

出　版	中州古籍出版社
	地址：河南省郑州市经五路66号
	邮编：450002
	电话：0371-65788693
经　销	新华书店
印　刷	河南新华印刷集团有限公司
版　次	2014年7月第1版
印　次	2014年7月第1次印刷
开　本	960毫米×640毫米　1/16
印　张	9印张
字　数	60千字
印　数	1—3000册
定　价	23.50元

本书如有印装质量问题，由承印厂负责调换